DEN STORA

BERÄTTELSEN

– och den lilla

DEN STORA

BERÄTTELSEN

– och den lilla

BO LENELLS

Kan den verkligen vara sann, denna berättelse om att alltings skapare skulle ha stigit ner och låtit sig födas på en plats som heter Betlehem, på en liten obetydlig planet i universum? Om den är det, så är det en berättelse som inte är lik någon annan.

PHILIP YANCEY [1]

Bibelcitaten är, om inget annat anges, hämtade från nuBibeln.

© Bo Lenells 2022

Förlag: BoD – Books on Demand, Stockholm, Sverige

Tryck: BoD – Books on Demand, Norderstedt, Tyskland

ISBN: 978-91-7969-976-5

INNEHÅLL

INLEDNING

Varje morgon vaknar vi upp i en värld som vi inte har skapat, en värld så sinnrikt konstruerad att vi egentligen borde börja varje dag med att häpna en stund.

Tomas Sjödin[2]

I en avsides belägen galax, någonstans i utkanten av universum, befinner sig en stjärna, en av bortåt fyra hundra miljarder stjärnor i samma avlägsna galax. En av de himlakroppar som cirkulerar runt just denna stjärna kallas Jorden. Ett litet stoftkorn i det oändligt stora universum. Nästan löjligt litet.

Men så vacker den är, vår lilla värld! Och så fylld av gåtor, motsägelser och överraskningar! Så mycket godhet – och så mycket ondska!

Och så jämnt och tveklöst den rör sig! Den snurrar runt sin egen axel med en exakt avvägd lutning och med en exakt avvägd hastighet, samtidigt som den, i likhet med de åtta andra planeterna i just detta solsystem, färdas i en bestämd bana runt sin sol.

Hela galaxen rör sig dessutom i en otrolig hastighet bort från universums centrum. Precis som alla andra två tusen miljarder galaxer. Hur fort? Vår egen galax, Vintergatan, rör sig i riktning mot vår granne, Andromedagalaxen, med en hastighet av cirka 470 000 kilometer i timmen. Och riskerar att kollidera med den om några miljarder år![3]

Det här stoftkornet befolkas av 7,7 miljarder människor, och var och en är en helt unik varelse.

Av någon anledning har universums skapare ett särskilt öga till denna avlägsna prick i universum. All hans barmhärtighet vaknar när hans blick faller på denna lilla planet.

Byter vi ut teleskopet, som låter oss få en glimt av detta svindlande universum, mot ett elektronmikroskop som kan guida oss runt i våra egna kroppar på nanonivå, öppnas dörren på glänt till ett lika häpnadsväckande mikrokosmiskt universum. Det är en ofattbar och märklig värld att blicka in i, detta människokroppens sinnrika system av organ, nervtrådar, blodådror, muskeltrådar och så vidare. Enbart blodkärlen, som ser till att blodet kan transportera syre till kroppens alla delar, finns i en sådan mängd att om man lägger dem efter varandra skulle de nå fyra varv runt jorden.[4] Och allt i vår kropp samverkar i ett perfekt samspel, alla dess delar kommunicerar med varandra med ett eget "kroppsspråk" för att bibehålla balansen i det sköra liv vi lever, ett liv designat för en tid av "sjuttio år, eller åttio, om krafterna räcker", för att citera Bibeln.[5]

Våra kroppar är alltså oerhört komplexa och sinnrikt

formade skapelser. Men de har ett bäst-före-datum. Våra liv här på jorden varar inte för alltid. Det är naturligtvis inte bara något som Bibeln påstår, det är en sanning som ingen av oss bestrider. Men sedan då? Finns det något sedan? Många tror det. Men här lämnar vetenskapen oss i sticket. Det finns inget teleskop i världen som låter oss se in i den värld som finns bortom livet här på jorden.

Men det faktum att en människas liv på jorden är så kort och att ingen enda av oss kan undvika döden, gör att ingen heller kommer runt frågan om vad som är meningen med detta liv. Särskilt med tanke på att varje människa är skapad med unika gåvor och med en kropp som är så komplext utformad in i minsta lilla cell – ett eget universum. Är inte den begränsade tid vi lever ett ofattbart slöseri om detta skulle vara allt?

Det finns en stor berättelse som avslöjar livets stora hemlighet och ger svaret på dess djupa mening. Det är vad jag vill visa på i den här boken. Men eftersom livets stora hemlighet angår varje enskild människa vill jag också låta den lilla berättelsen få utrymme, om än bara som ögonblicksbilder och i ett anspråkslöst format.

De exempel jag väljer för att belysa den lilla berättelsen är glimtar ur mitt eget liv, inte för att det är mer värt att berätta om än någon annans liv, men därför att min egen historia är den jag känner bäst. Så den här boken är delvis också en självbiografi. Men poängen med det är framför allt att jag har ett vittnesbörd att ge: ett vittnesbörd om Guds nåd mot en syndig människa och om hans trofasthet mot ett av hans barn som ibland tror för mycket om sig själv, men som alltför ofta misslyckas i sina strävanden.

Kanske någon tycker att det jag skriver i den här boken ligger på ett alltför högt andligt plan, för långt ifrån den krassa verklighet som tränger oss i vardagen. Men den berättelse jag hänvisar till, nämligen Guds berättelse – personligt adresserad till varenda en av oss och som Gud bjuder in oss till – är den samma som vi finner i Bibeln. Därför går det inte att bortse från den andliga verklighet som på ett så överväldigande sätt presenteras för oss i Bibeln, Guds stora berättelse. Den berör oss. Den handlar om oss!

Så låt oss tillsammans söka efter den hemlighet som avslöjas för oss i Den stora berättelsen. Den hemlighet som tillfredsställer vårt behov av mening och sammanhang. Hela vår tillvaro hänger faktiskt på det.

DEL 1

PÅ LIV OCH DÖD

1

ETT SKRIK I NATTEN

*Bakom skapelsen finns en tanke och en avsikt och
därmed också en mening.*
TOMAS SJÖDIN[6]

En gnistrande kall januarinatt hände det. Strax före midnatt
hördes ett gallskrik i natten. Det var inget speciellt eller
ovanligt med just detta skrik, tvärtom, likadana skrik hörs
ständigt och jämt i en ljudmatta som aldrig upphör att rullas
ut runt om på planeten jorden. Ändå var detta skrik i januarinatten på ett sjukhus i en svensk småstad helt unikt.
Just den rösten hade ingen någonsin lyssnat till förut.

Mina föräldrar var glada över den gälla gråten, mina morföräldrar också. Om storebror Ola var glad är jag mindre säker på, kanske var det mer nyfikenhet han kände.

Den nye världsmedborgaren var i alla fall välkommen att
ta plats i världen. Någonstans på denna lilla himlakropp,

som snurrade runt sin egen axel och samtidigt roterade i sin bestämda bana runt solen i en avlägsen galax i universums utkant, fanns en plats och ett sammanhang förberett för denna lilla hjälplösa varelse.

Det var många andra skrik som hördes just den natten. Ångestfyllda, hjärtskärande skrik som snabbt tystades för att aldrig höras mer, eller som inte förmådde överrösta alla krigets hemska ljudkulisser, gråt och jämmer som inte gjorde någon mamma eller pappa glad utan bara förtvivlad.

När en liten västgötastad tog emot en ny invånare och Sverige fick en ny medborgare drog världsbranden fram inte långt därifrån. Men samtidigt fanns det hoppfulla tecken på att freden inte var långt borta.

Min nyfikne storebror var arton månader gammal och hade hela livet framför sig, en viss Adolf Hitler hade drygt tre månader kvar att leva.

Hursomhelst, strax före midnatt en dag i slutet av januari 1945 började min tid på jorden. Och nu när jag befinner mig i andra ändan av min livsresa känner jag mig både tacksam för ett rikt och meningsfullt liv och sorg över allt som blev fel. Men jag är inte rädd för att dö. Precis som för alla andra kommer den sista dagen också för mig, och jag känner mig trygg. Det känns faktiskt ... meningsfullt.

Att det är så beror inte på att jag levt ett på alla sätt godkänt liv. Om det handlat om mina egna förtjänster skulle jag vara livrädd för att dö. Men nu är det nåd som står skrivet tvärs över hela mitt liv. Lydia Lithells ord i den gamla läsarsången *"Det enda jag vet"*[7] är precis det som gäller för mig: "Det enda jag har att lita till en gång, det är Guds nåd, Guds gränslösa nåd." Det är därför, och bara därför, jag känner mig lugn inför det faktum att jag, precis som alla andra, ska dö en dag. Det här livet är inte det enda livet. Rakt genom hela Bibeln talar Gud om en värld långt större och skönare än vårt universum, en värld där tiden inte längre jagar oss och där ingenting längre ger anledning till tårar eller oro.

Den sanningen, som aldrig kan verifieras med vetenskapliga upptäckter eller beskrivas med akademiska termer, ger mig svaret på frågan om livets mening.

Missförstå mig inte: jag kan absolut se att det sker meningsfulla saker i det som händer runt omkring mig i vardagen. Det finns mycket redan här i livet som gör det värt att leva. Det finns så mycket godhet och kärlek, så många bevis på mänsklig värme och så många landvinningar i vetenskapens namn som kommer oss människor till godo. Vägen till målet är på många sätt rik och vacker och hoppfull.

Samtidigt är det ju så att det alltför ofta bjuds på motbjudande scener utefter livsvägen, sådant vi inte förstår, sådant som på allt sätt är meningslöst och sorgligt. En bilbomb briserar utanför en skola, och många barn, oskyldiga, hungriga på livet, dör. En galning går runt på en ö utanför Oslo och mejar kallblodigt ner 69 ungdomar på läger. Miljontals barn i Indien rekryteras och säljs som barnslavar till fabriker eller till sexindustrin. Makthungriga krigsherrar driver ett cyniskt spel med tusentals civila i Syrien och helt sonika krossar deras drömmar och släcker deras liv eller driver dem ut på en hopplös landsflykt. Så förtvivlat meningslöst!

Men också dessa oskyldigt drabbade människor har en plats i Den stora berättelsen. Så här säger Bibeln: "Säljs inte fem sparvar för två kopparslantar? Och ändå är ingen av dem glömd av Gud" (Lukasevangeliet 12:6).

Det finns en berättelse – den *verkligt* stora berättelsen – som handlar om oss, hela människosläktet, och på samma gång om var och en av oss som individer. Här ryms vår historia, vår nutid och vår framtid.

Det är berättelsen om dig och mig och dem som före oss har levt sina liv på jorden.

Det är berättelsen om ett folk, utvalt för att tillhöra den Gud som skapat allt.

Framför allt är det berättelsen om skaparen själv och den han sände till vår värld för att rädda oss från det onda, han som blev känd under namnet Jesus från Nasaret.

Den stora berättelsen handlar om hur hans kärlek söker oss alla för att vi ska leva i evig, fullkomlig gemenskap med honom. Precis som det var i skapelsens början, innan synden kom in i världen och bröt sönder den gemenskapen – och snuvade oss på meningen med livet.

Eller som A W Tozer beskriver det: "Frälsningen innebär egentligen att en riktig relation mellan människan och hennes Skapare återupprättas, alltså en återgång till det normala."[8]

16

2

VAD ÄR DET FÖR MENING MED ALLT?

Du och jag är skräddarsydda till att spela en roll i Guds eviga berättelse och till att känna en djup mening, inte till att slösa bort tiden på snacks och filmer. Vi vill något utöver det, och det finns ett skäl till att vi gör det. Gud har skapat oss till att längta efter så mycket mer.

Jennie Allen[9]

Våren 2020 kom en bok ut med titeln *Livets mening: frågan och svaren,* där författarna gör imponerande försök att hitta goda, acceptabla svar på den största gåtan av alla: frågan om livets mening. Enligt en av författarna finns det en vinst redan i möjligheten att vi kan bli "mer medvetna om hur mycket av kärlek, livsglädje, frihet, kunskap-insikt och existentiell identitet vi redan har i livet".[10] Det handlar helt enkelt om att "se oss omkring och upptäcka hur fantastiskt det faktiskt är att leva", säger Tomas Brytting (redaktör för boken).[11] 501 svenskar i åldern 40-85 år bidrar i boken med sina svar på gåtan om livets mening. Att må bra, att ha familj och social gemenskap, att förverkliga sig själv eller ha samhällsansvar är exempel på de svar som ges om livets mening.

Att så många enskilda personer får presentera sin uppfattning måste förstås betyda att svaren är väldigt många och väldigt olika. Det skulle vara ganska meningslöst(!) att ge drygt 500 människor utrymme i boken om alla hade ett och samma svar att redovisa.

I den här boken, Den stora berättelsen, får frågan om livets djupaste och yttersta mening ett enda svar: skapelsens Gud vill föra varenda en av oss tillbaka till gemenskapen med honom.

76 år efter det där skriket i natten, det som gladde mina föräldrar, blev jag för första gången i mitt liv inlagd på sjukhus. Jag hade (på själva påskdagen) fått åka in akut med hög feber och smärta någonstans i magtrakten. Dagen innan hade jag testat negativt för covid-19, så jag visste att det inte handlade om att jag blivit smittad av coronaviruset. Innan röntgenkameran avslöjat för sjukvårdspersonalen vad som hänt i min kropp funderade jag naturligtvis på hur allvarligt läget var för mig. Var det något livshotande jag drabbats av?

Jag borde kanske ha varit rädd, men jag upptäckte att jag inte var det. Jag var inte rädd för att dö! Det jag var rädd för var att jag då skulle tvingas överge mina närmaste, särskilt svårt tyckte jag det skulle vara att lämna min älskade livskamrat ensam.

Min sjukdom var inte livshotande, men jag fick ligga kvar en vecka för behandling, och ännu sex veckor senare när jag skriver det här är jag inte återställd fullt ut. Men tryggheten jag känner inför den död som också väntar på mig är fortfarande lika verklig.

Varför är döden så skrämmande för de flesta av oss? Frågan kanske kan låta cynisk, men den känns ändå viktigt att få ställa. Vi gör för det mesta allt vi kan för att undvika döden. Polisen, sjukvården, Trafikverket, politikerna, ja hela samhället har som sin primära uppgift att till varje pris hindra döden att i förtid skörda sina offer. Och självklart är det så det ska vara!

Ändå kommer ingen av oss undan. Inte någon. Till slut kommer den dag som blir vår sista på jorden.

För min syster Elisabet kom den dagen alldeles för tidigt. Hon var bara elva år när hennes hjärta slutade slå och hennes plågade kropp blev helt stilla efter en fem dagar lång kamp på sjukhuset. Ända fram till dagarna innan den sjukdom som härjat i hennes kropp sedan fem års ålder gick in i sin slutfas, hade hon, trots sjukdomen, varit full av energi och sprudlande livslust. Gymnastik, simning och sång stod högt upp på aktivitetslistan. Särskilt under den sommar som blev hennes sista hade hon frimodigt sjungit på gudstjänster och på äldreboenden om den himmel som hon trodde på. "Jag har hört om en stad ovan molnen"[12] var en favorit.

Jag var två år äldre än Elisabet, och dagen innan hon dog hade min bror Ola och jag följt med mamma och pappa till sjukhuset för att hälsa på henne. Jag minns hur svårt det var att se henne så annorlunda, bland alla slangar och instrument och apparater, i en kamp som hon inte kunde vinna.

Dagen efter passerade jag på min cykel utanför sjukhuset på min runda med Dagens Nyheter och Göteborgsposten – och jag undrade: lever hon ännu? När jag kom hem hade mamma och pappa just återvänt från sjukhuset. Och de hade Elisabets saker med sig hem – hon behövde dem inte mera …

Varför fick hon inte leva längre? Varför måste hennes sång tystna? Varför skulle döden sätta stopp för hennes livsglädje och i stället ge en sådan sorg till mamma och pappa och hennes fem syskon?

Vad var det för mening med hennes död?

Jag vet inte. Men två saker vet jag: 1) Elisabets elva år på jorden var fyllda av mening. Gud ville hennes liv, hon hade en plats i den värld som han skapat. 2) När hon drog sitt sista andetag var inte sista ordet sagt om hennes liv. Det sista ordet var detsamma som Jesus sa till Marta i Betania när hennes bror hade dött, också han alldeles för tidigt: "Jag är uppståndelsen och livet. Den som tror på mig skall leva om han än dör, och den som lever och tror på mig skall aldrig någonsin dö" (Johannesevangeliet 11:25-26).

Det är det som Den stora berättelsen handlar om! Och det är det som också står skrivet över Den lilla berättelsen, den som handlar om ditt och mitt liv.

Om något är meningsfullt så är det detta!

Varför är vi då så rädda för att dö? Därför att döden är något främmande, något onaturligt. Döden är motsatsen till liv. Vi är skapade för att leva, inte för att dö. Det som skrämmer oss är att döden är så definitiv, en gräns för våra liv som vi inte kan påverka, bara kapitulera för. Livet är det enda vi har på den här jorden, och ändå tas det ifrån oss utan att be om lov.

Alla människor dör, det är något ingen kan ändra på. Men det kanske inte är döden i sig som skrämmer oss mest, utan ovissheten om vad döden leder till. Är det slutet på allting, eller finns det något som döljer sig där på andra sidan döds-ögonblicket?

Döden är vår yttersta fiende, allsmäktig och skoningslös. Och den lämnar oss i ovisshetens mörker.

Men tänk om det finns en berättelse som avslöjar hemligheten? Som handlar om din och min plats i skapelsen och som befriar oss från känslan av att tappa fotfästet inför tanken på den ofrånkomliga döden? Som kan råda bot på vår dödsfruktan. Och på meningslösheten.

För mig finns den berättelsen, och den berättar om den

tanke som skapelsens Gud har för oss. Den ger mig kanske inte ett fullt begripligt svar på frågan hur hela detta ofattbart stora universum kommit till och hur det fortsätter att expandera – eller för den delen hur hela det snillrikt sammansatta mikrokosmos som ryms i ett enda mänskoöga fungerar. Men berättelsen som avslöjar hemligheten med varje människas plats i skapelsen finns och ger mig det enda tillfredsställande svaret på vad livets mening är. Det är den berättelse jag läser i Bibeln. Där möter jag vittnesbördet om en Gud som älskar varje människa och som har en fullkomlig plan för sin skapade värld – och för varje enskild människa.

Den stora berättelsen, och bara den, öppnar de perspektiv som gör att vi kan acceptera det obegripliga och glädjas över livet – och känna oss trygga inför döden. Bibeln har nämligen ett fantastiskt budskap om en annan värld där döden, vår största fiende, för evigt är ute ur räkningen.

Bibeln är ingen sagobok, det har miljarder människor också i vår generation upptäckt. Vi kan faktiskt se hur dess budskap förvandlar liv redan här på jorden och ger mening och glädje mitt i det jobbiga. Men budskapet är mycket större än så. Det öppnar dörren på vid gavel för livet efter döden. Döden är ingen punkt, den är ett kolon. Vår yttersta fiende är krossad. Livet har vunnit!

3

Tag och läs!

Nu har jag gjort upp bokslutet med denna världen.
Här finns det enda rätta.
Ord av AUGUST STRINDBERG, då han på sin
dödsbädd la sin hand på Bibeln[13]

Den stora berättelsen berättas för oss av författarna till Bibelns olika böcker. Bibeln är den enda bok i världen som ger det verkliga svaret på frågan om livets mening. Men vågar vi öppna den? Vågar vi förbehållslöst ge oss i kast med den boken för att hitta svaret? Vågar vi tro att den är vad den utger sig att vara, Guds sanna ord? Och inte bara för dem som dess författare vände sig till en gång, utan i lika hög grad för oss som läser den idag? Förresten, kan vi lita på att det som skrevs för så länge sedan har överlevt alla dessa århundraden med bevarad trohet mot originalet?

Mitt svar är ja. För alla litterära verk från antiken gäller att originalskrifterna förstörts av tidens tand (de skrevs i huvudsak på papyrus, ett ömtåligt material med en hållbarhet på högst ett tiotal år), och det vi vet om dem är vad de kopior som finns kvar kan berätta. Forskarna som undersöker sannolikheten för att dessa kopior motsvarar originalskrifterna använder sig av beprövade vetenskapliga metoder för att fastställa deras trovärdighet. Detsamma gäller förstås också den bibliska forskningen.

Då kan man konstatera följande: i jämförelse med berömda antika verk, som exempelvis Sofokles dramer eller Tacitus Romerska annaler, som mycket av vår historiekunskap från den tiden bygger på, så är Bibelns historiska tillförlitlighet helt överlägsen. De åtskilliga tusen handskrifter och andra typer av kopior som finns bevarade av Bibelns olika böcker, plus dessa kopiors närhet i tiden till originalskrifterna, gör att vi tryggt kan säga om Bibeln, att det som skrevs en gång är det som vi läser idag. Äktheten är, rent vetenskapligt, belagd när det gäller de kopior av de ursprungliga skrifterna som ingår i Bibeln.[14] Däremot bör en del av de bibelöversättningar som används idag läsas med mer kritiska ögon, på grund av liberalteologiska influenser.[15]

Faktum kvarstår, att idag, på 2000-talet efter Kristus, är Bibeln fortfarande den mest tryckta och spridda boken i världen.

Men budskapet då? Det är här som det blir personligt: ska jag våga ställa mig själv i ljuset av det som Bibeln säger? Är det ett tilltal från Gud som berör mig? Kan jag verkligen kliva in i Den stora berättelsen och låta den få inflytande på mitt eget liv? Finns svaret på mitt livs mening i det jag läser i Bibeln?

Den som vågar ta steget och öppna sin bibel upptäcker att den sätter ribban direkt. Den första meningen lyder: "I början skapade Gud himlarna och jorden." Det är ju inte precis någon försiktig spelöppning. Den här boken ber verkligen inte om ursäkt för sitt ärende. Ingenstans i det inledande kapitlet om hur universum blev till ges något utrymme för alternativ till livets uppkomst. Allt som finns, hela universum, varenda människa som levt och lever på den här planeten har sitt ursprung i en skapelsehandling utförd av Gud. Hela Bibelns budskap och ärende till oss grundar sig på detta faktum.

Så vår västerländskt skolade kultur och tänkande utmanas direkt så fort vi öppnar Bibeln. Hela vårt samhälle utmanas. Och vår tro. Frågan är bara hur angelägen sanningen om våra liv och sökandet efter mening är för oss. Vågar vi anta utmaningen? Den som öppnar sin bibel för att ta del av dess budskap är inte precis ensam om det – Bibeln är, som sagt, den i särklass mest tryckta, sålda och lästa boken i världen! Det är faktiskt Bibelns belackare som är i minoritet …

"Tag och läs!" var uppmaningen som fick Augustinus (354-430 eKr), som sedan blev biskop och kyrkofader, att hitta Guds väg för sitt liv. Den erfarenheten är det många som delar med honom. Här och nu är det vår tur.

När Gud hade utfört sitt skapelseverk kunde han konstatera, att allt som han hade gjort var mycket gott (Första Moseboken 1:31). Det fanns inte den minsta lilla skavank någonstans. Allt var perfekt, allt var harmoni, skapelsen var hel, fullständig.

I denna fullkomliga värld gick de första människorna omkring och trivdes gott.

När denna perfekta värld plötsligt havererade – och man hinner inte långt i Bibeln förrän man hamnar där: en ond makt träder in på scenen och trasar sönder helheten – då visar det sig att det mitt i detta kaotiska mörker fanns något som inget djävulskt initiativ och inget mänskligt svek någonsin kan krossa: hoppet om ett återställande av skapelsen. Hoppet om räddning. Mitt i den tragik som utspelades när de första människorna drevs ut ur den värld de skapades för, ut i den kalla, mörka värld som alla generationer efter dem sedan har ärvt, planterade Gud ett löfte om en frälsare, som en dag ska krossa ondskans makt (Första Moseboken 3:15). Det löftet är Den stora berättelsens hemlighet.

När Gud skapade allt, hela detta svindlande universum, gjorde han korstecknet. Löftet om frälsaren pekade rakt på korset som restes mitt i vår historia. Och korset blev garantin för att ondskans ovälkomna inträde på scenen bara är en parentes.

Allt det goda och fulländade i Guds skapelse trasades sönder den dag då människan vände Gud ryggen. Men löftet om frälsaren gör det möjligt att bäras av hoppet om räddning och om att allt ska återställas en dag.

Så som Bibeln börjar, med Guds skapelse av en fantastisk, underbar värld, så avslutas den också med en storslagen vision om den eviga, fullkomliga värld som väntar oss. Bibelns två första kapitlen inleds med orden: "I början skapade Gud himlarna och jorden" (Första Moseboken 1:1). Och de båda avslutande kapitlen inleds med ord av Johannes som beskriver vad han fick se: "Sedan såg jag en ny himmel och en ny jord" (Uppenbarelseboken 21:1).

Och hela vägen där emellan, genom Bibelns alla böcker, lyser hoppet mot oss om denna eviga, fullkomliga värld. Vi anar den bara glimtvis men den finns där ändå, i Psaltarens sånger och böner, i profetböckernas visioner och klagan och till och med i de dramatiska och ibland våldsamma scener som målas upp i skildringen av Israels folks historia. Hebreerbrevets elfte kapitel ger oss en fascinerande exposé över de gammaltestamentliga troshjältarna som burit på detta hopp, levt i det och gett det vidare. Och så sammanfattar brevförfattaren: "Alla dessa dog i tro, utan att ha fått det som var utlovat. De hade bara sett det i fjärran, hälsat det och bekänt sig vara gäster och främlingar på jorden" (Hebreerbrevet 11:13).

Ännu tydligare lyser hoppet mot oss i Nya testamentet, i evangelierna, i de nytestamentliga breven och i berättelsen om församlingens tidigaste historia. Och som ett dramatiskt crescendo målar Uppenbarelseboken sanningen om tillvaron i Guds himmel mot en bakgrund av svåra födslovåndor för vår värld innan Gud gör allting nytt.

Men de glimtar vi får se genom hela Bibeln av den kommande världen är bara trevande försök att beskriva en verklighet som är omöjlig att tolka med mänskliga ord. Det är en värld så fulländad och så skön att det inte går att göra den rättvisa med de bilder och ord som står oss till buds. Men ändå: det vi ser är tillräckligt. Det övertygar oss om att vi är menade för en annan verklighet, en hel, harmonisk och fullkomlig värld. Och när Bibeln summerar det som är dess vision för vår framtid, säger den så här: "Vi förkunnar, som det står i skriften, vad inget öga sett och inget öra hört och ingen människa anat, det som Gud har berett åt dem som älskar honom" (Första Korintierbrevet 2:9).

Nyckeln till hoppet om evigt liv, som är kärnan i den kristna tron och som finns som en djup hunger längst in i varje människas hjärta, är upptäckten att varenda en av oss är älskade av den Gud som skapat allt. Vi kan förundras, och till och med förstummas, inför storheten och skönheten i den värld som är vår, både på ett kosmiskt och ett mikrokosmiskt plan. Men det som förundrar allra mest är sanningen om skaparens personliga kärlek till varje enskild människa. Han har skapat varenda en av oss med sin egen bild inpräntad i vår själ. Den bilden är en stämpel som avgör vem vi tillhör.

Redan för tre tusen år sedan reflekterade kung David över det underbara i skaparens kärlek till människan. Hans förundran, som speglade sig i det universum man då kände till, var säkerligen lika stor som den vi kan känna idag när vi, med den kunskap vi nu har om världsalltets svindlande storhet, tänker på den evige Gudens omsorg om varje individ. Vem kan låta bli att stämma in i Davids förundran:

När jag ser din himmel, som dina fingrar format, månen och stjärnorna du fäste där, vad är då en människa att du tänker på henne, en dödlig att du tar dig an honom? (Psaltaren 8:4-5).

Denne Gud, gränslös i sin makt och härlighet, mäktig nog att skapa ett universum vars storhet vi inte kan fatta, en evig Gud, fullkomlig i sin existens, ser på varje enskild människa med personlig kärlek och omtanke. Låter det orimligt? Kanske det. Men för mig är detta det enda rimliga, det enda logiska. Det finns absolut ingen mening med vår existens om inte detta var sant! Jag vet att jag inte är ensam om att bygga allt i mitt liv på den sanningen. De räknas i hundratals miljoner runt om på vår planet, dessa trons människor som har samma visshet och utgångspunkt för sina liv. Men för alltför många i vår värld är bilden som skaparen stämplat i själen utsuddad, eller i alla fall gömd och bortglömd.

4

ORDET BLEV MÄNNISKA

Ordet blev människa och levde bland oss. Vi såg
hans härlighet, den härlighet som den ende Sonen får
av sin Fader. Han var full av nåd och sanning.
APOSTELN JOHANNES[16]

◆ Gud älskar vår värld med en kärlek som är lika ofattbart
stor som hela universum.
◆ Varje människa på jorden är föremål för hans kärlek.

Dessa båda sanningar är motivet för mig att skriva den här
boken. För skapelsens Gud sitter inte bara och skakar på
huvudet när han ser hur den här lilla planeten är på väg att
förinta sig själv. Han har en fantastisk plan för dess rädd-
ning. Den planen lyser mot oss från varje sida i Den stora

berättelsen, den berättelse som finns nedtecknad i Guds bok, Bibeln.

Planen är en ny skapelse, en värld som i skönhet överträffar det universum som vi häpnar över idag, en värld där den mänsklighet, vars splittring och trasighet vi nu gråter över, är helad, en värld där livet vi lever inte längre är märkt av hopplöshet och död. Gud, skaparen, ska göra allting nytt.

Guds plan är redan sjösatt, och dess slutresultat är garanterat. Jag har sett den skriven på en djurkrubba i den lilla judiska landsortsstaden Betlehem. Jag har sett den inristad på ett romerskt avrättningsredskap i Jerusalem. Jag har sett den belyst av det starka ljuset från en tom grav helt nära avrättningsplatsen, den dag då döden förlorade sitt grepp om planeten jorden. Visst, vi ser fortfarande dödens framfart skrämmande tydligt varje dag, överallt. Men en dag ska det visa sig att dess makt bröts där på påskdagsmorgonen.

Jag har också sett Guds plan för mänskligheten stråla i ansiktena på dem som är efterföljare till honom som låg där i krubban, som hängde på korset, som i triumf steg ut ur graven – de som utgör den gemenskap som kallas Guds församling.

Det här är vad jag har sett: Himlen har landat. Gud kom hit till jorden och tog sin boning mitt ibland oss. Skaparen av universum hade inte bara koll på vad som utspelades bland människorna på den lilla avlägsna planeten. Han gjorde det som hans kärlek till dem tvingade honom till. Han blev som vi, en av oss, gick in under våra villkor, våra begränsningar och vår hopplöshet. Han tog all vår ondska på sig själv för att hans plan att rädda jorden och dess invånare skulle kunna förverkligas.

Han hade ett enda ärende: försoning. Att upprätta den relation mellan honom själv och oss människor som fanns från början, i skapelsen. Därför kom han till oss och blev som vi.

Och nu byggs templet på jorden. Det tempel där den evige Guden, alltings skapare, fortfarande har sin närvaro bland människorna.

Det är alltså Bibeln som är källan jag hänvisar till när jag skriver om livets mening. Tag och läs! I den generation som befolkar den här planeten just nu finns det hundratals miljoner människor (officiell statistik nämner siffran 2,4 miljarder) som satt sin tilltro till Bibelns budskap och bekänner sig till den kristna tron.

Bibeln är en tjock bok, den har många böcker inom sina pärmar (ordet Bibeln kommer av grekiskans *biblia*, som betyder just böcker), och de har skrivits av ett 35-tal olika författare med väldigt olika bakgrunder, allt ifrån kungar till fåraherdar och fiskare. De kom från olika samhällsklasser och levde under olika tidsepoker. Varje bok i Bibeln är uppdelad i ett varierat antal kapitel, och tillsammans blir det en otrolig mängd ord. Sida upp och sida ned. Så det är helt klart en utmaning för den som idag bestämmer sig för att ge sig i kast med att läsa Bibeln.

Men för den som låter orden tala till hjärtat blir det snart tydligt att det är så mycket mer än bokstäver och ord. Det är en levande person som träder fram på sidorna och gör orden till kött och blod.

Det är honom som det här kapitlet vill uppmärksamma. Jesus är huvudpersonen i Bibeln. Han är förresten inte bara huvudpersonen – han *är* själva budskapet inkarnerat. Från början till slut är Bibelns stora berättelse en berättelse om Jesus. Han var först på scenen, och han är den som avslutar hela det bibliska dramat. Och framför allt är han den som vandrar fram genom alla Bibelns böcker med ett personligt budskap till oss.

Han var först på scenen.
I Bibelns allra första kapitel sägs det att när Gud skapade världen var det genom ett ord från Gud som skapelsen blev till. "Gud sa: ljus, bli till! Då blev det ljust" (Första Moseboken 1:3). "Gud sa: ..." (1:6). "Sedan sa Gud: ... " (1:9) och så vidare. Författaren till Hebreerbrevet säger: "Genom tro förstår vi att världen skapades genom ett ord från Gud" (Hebreerbrevet 11:3).

På flera ställen i Nya testamentet står det att det ord som Gud talade i skapelsen var Jesus. Så här inleder aposteln Johannes sitt evangelium: "I början fanns Ordet ... Genom honom blev allting till, och utan honom blev ingenting till av det som finns till" (Johannesevangeliet 1:1, 3). Ingen behöver sväva i ovisshet om att Johannes syftar på Jesus.

Paulus skriver det rent ut, till exempel i Kolosserbrevet 1:15-17. Hebreerbrevet säger samma sak i det första kapitlet vers 8-10, och i Uppenbarelseboken säger Jesus om sig själv i brevet till församlingen i Laodicea (kapitel 3:14): "Så säger han som är Amen, det trovärdiga, sanna vittnet, ursprunget till Guds skapelse ..." På Bibelns sista sida vänder han sig till alla människor med ett angeläget budskap: "Se jag kommer snart, och jag har med mig lön som ska ges till var och en efter hans gärningar. Jag är alfa och omega, den förste och den siste, början och slutet" (Uppenbarelseboken 22:12-13).

Han avslutar dramat.
I denna sista hälsning från Jesus ser vi alltså att han inte bara är ursprunget till allting – han är också den som avslutar hela det bibliska dramat. Han ska komma tillbaka i synlig gestalt, blända hela världen med sin härlighet, hämta sin församling, upprätta sitt eviga rike på jorden och sätta sig på domarsätet för att döma alla som lever då och alla som under alla tidsåldrar har levt sitt korta liv på jorden.

Det budskapet upprepas om och om igen i hela Bibeln. Det är också vad den kristna församlingen förkunnat genom alla tider. Detta är det som det kristna hoppet fokuserar på.

Jesus är upphovet till allt liv, hela skapelsen blev till genom honom.

Jesus är alltings fullbordan, hela skapelsen ska tillbe honom i hela evigheten.

Och Jesus är allt däremellan!

Hela innehållet i Bibeln, början och slutet och allt däremellan, är en berättelse som speglar människans historia på planeten Jorden och samtidigt en berättelse om Jesus, Guds Son, "han som är, som var och som kommer" (Uppenbarelseboken 1:8).

Den stora berättelsen handlar om Jesus!

Det finns en skildring i slutet av Lukasevangeliet, som lyser väldigt starkt för mig. Den brukar kallas Emmausvandrarna och handlar om två av Jesus lärjungar som på tredje dagen efter Jesus död är på väg från Jerusalem till den lilla staden Emmaus. En av dem hette Kleopas, men vem den andre är säger Lukas ingenting om. Därför tar jag mig friheten att placera mig själv där vid Kleopas sida. Om jag hade varit en Jesusanhängare på den tiden i det landet skulle den namnlöse lärjungen där på Emmausvägen kanske kunna vara jag. Det där samtalet de har, han och Kleopas, skulle jag själv kunna ha haft i den situationen, känns det som. I alla fall är jag nog ganska snarlik den lärjungen.

Det var ingen munter vandring de var ute på. De hade satsat så mycket av sitt livs förhoppningar och förväntningar på Jesus. Han hade gjort ett djupt intryck på dem. Han hade visat dem vem Gud var, att han var barmhärtig och full av nåd. Överallt hade han mött människor med Guds omtanke och kärlek. Hans ord om Guds rike hade berört dem på djupet. Men så hade hans liv fått en grym och orättvis avslutning: korsfäst som en förbrytare. Så de där två på Emmausvägen – som jag på ett mänskligt plan kan känna sådan sam-hörighet med – hade blivit berövade allt de hade satsat när de beslutat att följa Jesus. Det som hänt på fredagen hade dragit undan mattan för deras fötter. Det var som om det inte var någon mening att fortsätta med livet längre.

Nu var det söndag. Och nu hade sorgen, besvikelsen och tomheten blandats med förvirring. Ryktena gick att graven där man lagt mästarens misshandlade kropp var tom. Och ryktena talade till och med om en änglasyn, där ängeln sagt att Jesus levde.

Men inte gick det väl att tro på sånt prat! Kvinnorna som sagt det här var väl så nedbrutna av sorg att de inbillat sig alltihop.

Det skulle alltså, som sagt, kunna vara jag som gått där på vägen, med min skepsis, med min svårighet att sätta till-tro till budskapet om att Jesus faktiskt lever. Ett sådant otro-ligt under var precis det: otroligt. Bortom all logik.

Nu vet jag bättre – liksom de där två vandrarna några timmar senare visste bättre. Men både för dem och mig krävdes det ett personligt möte med den uppståndne Jesus för att vår skepsis skulle brytas.

För det kom en man där på vägen och slog följe med dem. Och han började guida dem på en resa genom hela den skrift de läst under hela deras liv, skriften med alla dess olika historiska och profetiska böcker som berättat om deras Gud och deras folks historia genom många århundraden.

Deras hjärtan brann när den främmande mannen

förklarade den heliga skrift för dem. Lukas beskriver det så här: "Sedan förklarade han för dem, med början hos Mose och alla profeterna, vad som stod om honom i alla Skrifterna" (Lukasevangeliet 24:27). Vi läser det här och vet, med facit i hand, att den främmande mannen var Jesus, som samma morgon hade lämnat den grav där han blev lagd efter korsfästelsen. Och han förklarade för deras brinnande hjärtan att allt som stod i skrifterna handlade om den Messias som Gud skulle sända. Allt handlade om honom!

Efter det märkliga bibelstudiet delade de tre en enkel måltid. I samma ögonblick som främlingen bröt ett bröd kände de igen honom. Och allt föll på plats. Deras mästare hade verkligen uppstått! Och hela Skriften badade i ett nytt ljus: De såg hur Messias hade varit i centrum för deras folk genom hela deras historia – och de insåg nu att det var han, Jesus från Nasaret, deras mästare och vän. Han dog "i fredags" men lever "i dag" och alla dagar!

History is His story – historien är Hans berättelse. I vår tid, i vår egen historia, går Gud själv på våra "Emmausvägar". Om vi tillåter honom finns han där och förklarar sitt ord för oss.

Då brinner våra hjärtan.

Det här kapitlet i Den stora berättelsen, med sitt fokus på Jesus, han som en gång kommer att förvandla vår trasiga värld till ett nytt paradis, kommer aldrig att kunna bli färdigskrivet. Det finns inga ord som räcker till för att man ska kunna säga att nu är allt sagt om Jesus. Inga ord kan göra rättvisa åt den storhet och makt och skönhet som är hans. Inga ord är stora och vackra nog för att ge honom den ära som han är värd. Så därför lämnar vi det här kapitlet oavslutat.

Men vi gör det i hoppet om att vi en gång i en annan, fullkomlig värld, kommer att se hans härlighet och skönhet och får stämma in i den lovsång som ständigt pågår till hans ära.

5

EN NY FÖDELSE

Jag dras med en oemotståndlig kraft till Jesus, därför
att han åstadkommit en vändpunkt i livet – alltså i
mitt eget liv.

PHILIP YANCEY[17]

Sjövik är namnet på en lägergård ett par mil utanför min barndomsstad Alingsås. Det är en skön plats vid sjön Mjörn, alldeles vid vattnet. Under min uppväxt var den ett eldorado för de scouter och tonåringar som invaderade gården varje sommar. Den var en plats där lägren avlöste varandra under sommarloven.

För många unga människor blev det också en helig plats. Här fick de ta emot en personlig inbjudan från Gud att bli hans barn och en kallelse att leva för honom och tjäna i hans rike på jorden. Jag var en av dem.

Sommaren 1962 deltog jag i ett veckolångt ungdomsläger på Sjövik. När halva veckan hade gått satt jag i lägerkyrkan och lyssnade till några av de andra ungdomarna som berättade om vad de upplevt tillsammans med Gud. Jag visste att jag hade kunnat vara en av dem – att jag nog borde vara det. Jag hade ju faktiskt redan tre och ett halvt år tidigare, på vintern efter min syster Elisabets död, sagt ja till Gud och till och med gått med i församlingen där pappa och mamma var medlemmar. Kyrkan hade varit något av mitt andra hem ända sedan jag var liten och gick i söndagsskola. Kyrkbänkarna var en hemtam plats för mig, så till den milda grad att jag åtminstone vid ett tillfälle (kan nog eventuellt ha varit flera gånger) hade utforskat miljön på deras undersida, och det mitt under gudstjänsten! Jag hade förflyttat mig från min plats ganska långt bak i lokalen och krupit under bänkarna framför, mellan fötterna på folk, ända tills jag kom längst fram. Där dök jag upp och vinkade glatt till mina föräldrar.

Det är väl bäst att tillägga att det där hände när jag var ganska ung, två år eller så.

Hursomhelst, jag kände mig hemma i kyrkan från min allra tidigaste barndom. Så det var väl inte helt överraskande att Hans Lenells' odygdige son skulle bli troende.

Men så satt jag alltså där i lägerkyrkan som 17-åring och brottades med den uppenbara sanningen att det inte var så helt bevänt med mitt liv som kristen. Många andra intressen hade tagit över under mina tidiga tonår och gjort att Gud mer eller mindre kommit på undantag. Men nu kände jag att han drog i mig, kärleksfullt men bestämt.

Och jag lät mig övertalas. Jag lämnade min plats på bänken i lägerkyrkan, men inte för att krypa under de andra bänkarna. Den tiden var förbi. Den här gången kunde jag inte göra annat än att krypa till korset. Böneplatsen längst fram i kyrkan blev min omvändelseplats.

Medan en av lägerledarna bad för mig fylldes kyrkan av stilla sång, en bön i toner:

> *Börja om än en gång i mitt liv,*
> *Börja om än en gång i mitt liv.*
> *Jag vill formas av dig, av ditt heliga bud.*
> *Gör mitt liv till ett redskap för Gud.*[18]

Det blev min uppriktiga bön den kvällen, min överlåtelse till Gud. Det var väl ingen himlastormande upplevelse för mig just då, men jag hade fattat mitt beslut och Gud accepterade det. Det som hände där och då skulle komma att sätta sin prägel på resten av mitt liv.

Under bönemötet i lägerkyrkan kvällen efter kom en annan av ledarna fram till mig. Han sa ungefär så här: "Bosse, jag vet inte vad det är, men jag vet att Gud har en bestämd plan för ditt liv."

När jag nu ser tillbaka på mitt liv kan jag tydligt se att det blev så. Trots att jag lika tydligt kan se att de livsval jag gjorde ibland förde mig vid sidan av Guds plan och att jag inte alltid var helhjärtad i min överlåtelse, så har jag tack vare hans nåd och trofasthet ändå fått vara med och tjäna i hans rike – en tid som pastor, under en annan period som ledare i en missionsrörelse och senare som medarbetare på en kristen tidning.

Det var definitivt något nytt som Gud gjorde i mitt liv som svar på min överlåtelse till honom den där lägerkvällen på Sjöviks ungdomsgård. Bibeln kallar det för en ny födelse. Som när ett barn kommer till världen – något nytt tar sin början, ett nytt liv som kräver näring för att växa och träning för att utvecklas, som är i stort behov av stöd och omsorg, som måste misslyckas för att lära sig och uppmuntras för att inte ge upp.

Det var ingen dramatisk upplevelse för 17-åringen, och det blev väl ingen radikal förändring i yttre mening. Men denna nystart var ett beslutsamt steg in genom porten till ett meningsfullt liv – ett liv på Guds sida, i det som var hans vilja för den här världen. Nu blev min bön: Låt din vilja ske på jorden – och i mitt eget liv!

Bibeln är mycket tydlig: inträdet till Guds rike, det rike som Den stora berättelsen handlar om, kräver överlåtelse från vår sida. Gud har redan överlåtit sig åt oss genom sin stora kärleksgärning, när han sände sin son Jesus till vår räddning. Men utan vår omvändelse till honom lever vi i konsekvenserna av det stora avfallet från Gud som Bibeln berättar om i början. De första människorna vände ryggen åt Gud, och hela människosläktet kom under det ondas makt och inflytande. Därför måste vi genom en medveten överlåtelse vända oss bort från synden och i stället vända oss till Gud. Jesus sa att "den port är trång och den väg är smal som leder till livet".

Och just i vår omvändelse, från världen till Gud, sker det stora undret, en ny födelse! Vi föds i andlig mening till ett nytt liv, livet i gemenskap med Gud själv. Det är det som Den stora berättelsens stora hemlighet, och när hemligheten avslöjas visar det sig att den smala vägen som Jesus talade om är en helt underbar väg. Det betyder inte att den är rak och jämn och fri från bekymmer, och det betyder inte att man inte kan falla och begå misstag. Men det betyder att man inte är ensam, att man inte blir liggande när man faller och att man får tröst och stöd och hjälp att gå – och ibland dansa – fram på vägen.

Den nya födelsen gör oss till Guds barn, en titel som varje kristen människa bär som en helig och underbar klenod, en titel som försäkrar oss om det eviga livet. För så här står det: "Om vi är Guds barn, är vi också arvingar till Gud" (Romarbrevet 8:17).

Vi kan inte gå förbi den trånga porten. Då missar vi det som Gud har i beredskap för oss. Då missar vi meningen med att vi finns till. Och då missar vi "hela härligheten", alltså den eviga tillvaron i den värld som Gud menade för oss.

6

OM DET ÄNDÅ FANNS FÖRLÅTELSE!

Hon önskade med ens att hon varit kristen. Djupt troende. Att det fanns förlåtelse att söka, en rening att genomgå. En möjlighet till förlåtelse och nåd. Någon i världen eller universum som skulle förstå hennes obegripliga handlande och inte döma.
HELENA THORFINN[19]

Den stora berättelsen inleds med en helt otrolig scen: Gud, skaparen av världsalltets galaxer, solsystem och planeter och livgivaren till allt i skapelsen, vandrar i en paradisisk trädgård tillsammans med de första människorna. Så naturligt, så självklart, så nära. Gud och människa i en harmonisk, skön och kreativ gemenskap. Gud – skaparen. Och människan – hans avbild och medskapare. Kronan i Guds skapelse!

Den stora berättelsen avslutas med ännu en fantastisk

scen: I Bibelns två sista kapitlen öppnar sig en värld för oss som inga mänskliga ord räcker till för att beskriva. En värld utan tårar och mörker, en värld med evig, sann glädje, en värld fylld med en meningsfull, skapande kreativitet. Den världen väntar på oss, där vill Gud ha oss i gemenskap med sig själv. Uppenbarelsebokens avslutningsscen är en återställelse av det som var vid tidens morgon, det som Bibelns två första kapitel berättar om.

Som det var i början ska det bli igen!

Som det var i början … innan något gick fruktansvärt fel. För plötsligt bröts idyllen, härligheten försvann all världens väg, paradiset stängdes och människorna fick ta sin tillflykt till en kall värld präglad av ondska, möda, tomhet – och död.

Människorna gjorde uppror mot Gud. De ville ta hans plats. Olydnad, högmod och maktlystnad ödelade relationen med Gud. I stället blev det Satan, Guds och människans svurne fiende, som tog hem spelet.

Sedan dess har vi människor levt i konsekvenserna av detta uppror. Ondskan regerar vår värld. Men inte utan protester. Eftersom vi är skapade av Gud och bär hans bild i vårt väsen kan vi inte acceptera ondskan. Vi reagerar mot det onda vi ser, och ofta hittar vi vägar att svara med godhet. Men alla goda krafter som trots allt finns i mänskligheten verkar inte räcka till. Vi inser att vägen tillbaka till Guds paradis är stängd för oss. Vi har blivit slavar under ondskans herravälde.

"Varje skälvning av besvikelse som vi kan uppleva i vår

relation till Gud är ett efterskalv av detta första uppror mot honom", skriver Philip Yancey i sin bok *Mörkerseende*.[20] Allt sedan dess har varje människa burit på en otillfredsställd hunger efter något. Något fattas, helheten har gått förlorad. Det verkar som om vad vi än lyckas åstadkomma, vilka gränser som än passeras för vad som anses möjligt, får vi ändå inte den saknade pusselbiten på plats. Inför evighetsfrågan står världens tekniska snillen svarslösa.

Trots mänsklighetens svindlande framsteg är det som om själva meningen med tillvaron hela tiden gäckar oss. I stället famlar vi i osäkerhet och obesvarad längtan efter frid.

Men en sak är säker: det var inte det här livet Gud hade menat för oss.

Finns det då ingen försoning? Är vi dömda att för alltid leva i följderna av den lögn som drev oss bort från Gud? Finns det ingen väg tillbaka?

Det är precis här som Den stora berättelsen kommer med sitt jubelrop: det finns en väg tillbaka! Det finns försoning! Men inte genom något vi själva kan göra. Den vägen är stängd. Vi är syndens och dödens barn, oförmögna att göra oss fria.

Det är bara möjligt genom att Gud själv griper in i vår historia. Och det var just det som skedde! Vid en bestämd tidpunkt i historien (den punkt som vi i västvärlden daterar vår tideräkning från) föddes ett barn i Betlehem, Jesus. Och änglarna gjorde klart för några herdar utanför staden att det var Frälsaren som kommit: "Han är Messias, Herren" (Lukasevangeliet 2:11). Gud själv hade kommit till vår jord som ett hjälplöst litet barn, född i djurkrubba i en grotta. 33 år senare restes ett kors utanför Jerusalem, och Jesus dog. Han blev ett tragiskt livsöde bland miljontals liknande livsöden genom historien. Trodde vi.

Men berättelsen om Jesus är något mer och något helt annat än ett tragiskt livsöde. Det är där som Den stora berättelsen, frihetens budskap om räddningen för mänskligheten, når sin kulmen. För hur utstuderat det romerska sättet att avrätta misshagliga personer än var i sin grymhet och effektivitet, så blev korset något helt annat än slutpunkten på en god och rättfärdig mans tid här på jorden. Jesus kors blev det tecken som ropar ut till världens alla generationer att försoningen med Gud är upprättad. En tom grav är för alltid vittnesbördet om Jesus totala och eviga seger över döden och bekräftelsen på att Gud har sträckt ut sin hand till försoning för alla.

Den handen sträcktes också mot mig …

Mitt tonårsliv utspelade sig i den fina småstaden Alingsås, med alla dess kaféer, med dess trähusbebyggelse i centrum, med dess båda torg och inte minst med de andliga impulser som fanns där som ett arv från gamla väckelsetider, ett arv som satte djupa spår i både kultur och kyrkoliv i staden. Som jag redan antytt blev missionskyrkan något av mitt andra hem. En stor ungdomskör, en i vida kretsar känd och uppskattad musikkår, läger och gudstjänster – det var sådant som mitt liv utanför skolan kretsade kring. Fyra av oss ungdomar sjöng tillsammans i en ungdomskvartett (med det föga fantasifulla namnet "Ungdomskvartetten") och medverkade i olika sammanhang, både på hemmaplan och på andra platser.

En hel del sport blev det också, friidrott, handboll, volleyboll. Dessutom var jag med i den kommunala musikskolans orkester under ett par år.

Vi var många ungdomar som höll ihop under de här åren, och vi träffades ofta på lördagskvällarna hemma hos varandra. Och i kyrkan, förstås. Så vi blev ganska tajta. Ofta var vi ute i bygderna runt Alingsås, i kyrkor och missionshus tillsammans med vår pastor och sjöng och vittnade om vår tro.

Det kunde inte undvikas att det knöts kärleksband och att det ibland uppstod parbildningar – man kilade stadigt, som man sa på den tiden. Jag påverkades naturligtvis också av den här miljön, och också för min del blev det en del sällskapande de här lite vilda åren. Men vi hade respekt för varandras integritet och självständighet. Säkert skulle man med nutidens perspektiv betrakta vår samvaro i det här kompisgänget som väldigt oskyldigt, som ett naturligt sätt att umgås.

Men ett par av de relationer jag hade med det andra könet var av det mer allvarsamma och varaktiga slaget. Båda gångerna var det utanför kamratgänget i kyrkan. I en av dessa relationer var mitt sätt att se på vårt förhållande inte bra. Mitt eget lättsinne tog för mycket plats på bekostnad av hennes behov av ömhet och närhet. Jag var alldeles för egoistisk och ignorerade hennes känslor. När jag en dag jag bröt vår relation gjorde jag det på ett mycket hjärtlöst sätt, och jag lämnade henne sviken och sårad.

Efter en tid började jag inse hur svekfullt jag handlat mot denna fina tjej. Visst, jag hade ju bara varit tonåring då, vilket med nöd kan förklara mitt omogna agerande – kanske förstod jag inte bättre. Men efteråt hann mitt känslolösa agerande ifatt mig. Det sätt som jag behandlade henne på var inte okej. Det här har plågat mig, och jag har många gånger innerligt önskat att jag kunnat få hennes förlåtelse. Men det var för sent, jag har inte sett henne sedan dess.

Det finns andra situationer från den här tiden i mitt liv som jag önskar att jag kunde ändra på. Jag levde inte alltid upp till min kristna bekännelse. Och även om jag sedan dess "har stadgat mig", så har jag inget att berömma mig av inför Gud. När Bibeln helt frankt konstaterar att ingen människa är utan synd, att ingen har något att skryta med inför Gud, så har den rätt. Och det inkluderar mig.

Tonårstiden hör historien till, men inte mina misstag och felsteg. Jag känner mig förtvivlad över den alldeles för långa lista med synder jag begått, onda tankar jag tänkt, obarmhärtiga ord jag sagt och själviska handlingar jag gjort, som Satan håller fram inför mig. Allt detta är sant, det är absolut sant att jag är ovärdig den kärlek Gud visat mig.

Men Gud vet om den här listan, han har läst den. Och

han har ett ord till mig: den där listan spikades fast på det kors där Jesus dog. Han var offerlammet som försonade världens synder och omintetgjorde dödens makt. När jag tog emot det budskapet i tro, vände om från min väg i själviskhet och synd, då revs listan i miljoner strimlor. Anklagelserna från Satan dränktes i Guds domslut som lyder: BENÅDAD! FÖR JESUS SKULL.

Mitt liv med Gud har inte varit en lång bekymmerslös och lättframkomlig raksträcka som löper genom ett idylliskt landskap. Felstegen hörde inte bara min tonårstid till, och Satan (vars namn betyder åklagare) har nog sett till att listan med synder och felaktiga, onda ord och tankar har fyllts på. Under alla år som jag varit en bekännande kristen har kampen mot min otillräcklighet att leva upp till den bekännelsen pågått. Och gång på gång har jag bara kunnat konstatera att jag misslyckats.

Lika klandervärt som att jag handlat fel, haft dålig attityd och tänkt orätta tankar är allt som kan skrivas på det konto som heter försummelser och felaktiga prioriteringar. Det är något som i första hand har drabbat min fru och mina barn.

Samtidigt som jag säger allt det här inser jag också (med stor och ödmjuk tacksamhet) att jag varit förskonad från de trasiga och våldsamma liv som många unga (och även äldre) kan berätta om och som ibland skapar rubriker. Men det spelar ingen roll: synd är synd, även om den ser oskyldig ut i jämförelse, och Guds nåd som befriar från synd är lika oförtjänt vem som än får uppleva den.

En sak vet jag (och det vet jag därför att Guds ord säger det tydligt och klart): Det är inte min egen mänskliga rättfärdighet som Gud har som måttstock för att kunna bevisa mig sin nåd. Det är den rättfärdighet som tillräknas oss tack vare Jesus offer. "Den som inte visste vad synd var gjorde Gud till synd för vår skull, för att vi genom honom skulle få Guds rättfärdighet" (2 Korintierbrevet 5:21).

En dag läste några ord av författaren Philip Yancey som hjälpte mig att formulera sanningen om mig själv som kristen och som jag nu med frimodighet ger vidare till dig som läser det här. Så här skriver han i en av sina böcker:

Det finns bara ett sätt – och det gäller varenda en av oss – att lösa konflikten mellan evangeliets höga ideal och den dystra verklighet som vi själva representerar: att acceptera att vi aldrig kommer att hålla måttet, men att vi inte heller behöver göra det. Vi döms efter Kristi rättfärdighet som bor inom oss, inte efter vår egen / ... / Allt som får mig att känna mig usel och illa till mods i förhållande till Guds förlåtande kärlek är grymt självbedrägeri. "Nu blir det alltså ingen fällande dom för dem som tillhör Kristus Jesus" (Romarbrevet 8:1)[21]

När Maria födde sin förstfödde son i Betlehem var det Gud själv, skaparen av allt och upphovet till allt liv, som lades i halmen i krubban. Den evige Guden tog sin boning bland oss. Han blev en av oss, tog våra synder på sig och blev själv det offer som krävdes för vår räddning. På korset bröt han syndens makt, i uppståndelsen gjorde han döden, vår största fiende, om intet. Försoningen var ett faktum.

Och den gäller alla, precis varenda en. Men ingen kan förtjäna den, den ges bara av nåd. Ingen av oss kan åberopa den på något annat sätt än att ta emot den i tro. Det handlar om att erkänna sin synd, ta emot förlåtelsen och ge Gud den första platsen i sitt liv.

Vad händer då? Renad. Upprättad. Helad. Accepterad av Gud och välkomnad i hans familj: ett Guds barn.

För min del kan jag bara se en väg till mening med livet – det är den väg som går via korset på Golgata, fram till den tomma graven, en väg som inte ens tar slut när jag tar mitt sista andetag, utan fortsätter rakt in i evigheten.

Mitt i Den stora berättelsen finns ett kors och en öppen grav. Mitt i berättelsen står ordet försonad! skriven.

Faktum är att Den stora berättelsen är berättelsen om försoningen.

Förlåtelsen är lika gratis som nåden. Gud är generös, han är en förlåtande Gud, han kastar inte ut någon som kommer till honom med en bön från hjärtat om förlåtelse. Tvärtom, det blir fest i hela himlen när någon vänder om och anropar Gud om förbarmande och räddning. Han kräver inget offer från oss, vi kan helt enkelt inte åstadkomma något av oss själva för att blidka Gud. Offret har redan getts, det enda som behövs, en gång för alla. Och det var det offer Jesus,

Guds egen son, gav på korset. Han var Guds rena, fullkomliga och oskyldiga offerlamm. Och det räcker. För alla som i tro sträcker sig mot Gud och söker förlåtelse.

Men ändå måste något sägas om att förlåtelsen är villkorad. Inte för att Gud kräver något av oss, men för att vi själva ska kunna ta emot den.

Jesus talar allvarligt om det i samband med den bön han lärde sina lärjungar att be. I lärjungarnas och hela kyrkans mönsterbön ber vi: "Förlåt oss våra skulder, liksom vi har förlåtit dem som står i skuld till oss." Jesus gav en enda kommentar till bönen "Vår fader", och det var just bönen om förlåtelse han kommenterade. De orden måste vi lyssna väldigt noga till, de är så avgörande för oss både i vår relation till Gud och till våra medmänniskor: "För om ni förlåter dem som gjort fel mot er, ska er Fader i himlen också förlåta er. Men om ni inte förlåter andra deras överträdelser, kommer han inte att förlåta er era" (Matteusevangeliet 6:14-15).

Förlåtelsen måste gå i båda riktningarna! Precis som korset på Golgatakullen. Först, uppifrån och ned: Gud är mer än villig att ge oss förlåtelse, det visar korset med all tydlighet: "Så älskade Gud världen att han gav den sin ende Son, för att de som tror på honom inte skall gå förlorade utan ha evigt liv" (Johannes 3:16). Men också utåt sidorna, som korsarmen som Jesus händer spikades fast på. Vi måste själva vara lika villiga att förlåta andra som gjort eller sagt något ont mot oss.

Det blir inget kors om inte båda korsarmarna är på plats!

Under de sena kvällstimmarna, innan Jesus greps, förhördes, hånades och avrättades, gav han sitt avskedstal till sina lärjungar, sitt testamente. Då sa han: "Så som jag har älskat er, ska ni också älska varandra!" (Johannesevangeliet 13:34). Det var inte bara en önskan, eller vädjan, från mästaren till sina vänner. Han gav dem dessa ord som ett bud, en befallning. Varför då? Dels för världens skull: lärjungarnas inbördes kärlek och förlåtelse skulle bli ett vittnesbörd för världen om Guds kärlek (Johannesevangeliet 13:35), dels för deras egen skull: Om den nåd och kärlek de fått ta emot som gåva från Gud inte ledde till att de själva visade samma attityd mot varandra, skulle deras hjärtan bli hårda och inte kunna ta emot förlåtelsen från Gud.

Gud vill förlåta! Alltid. Men ett hjärta som är stängt för våra medmänniskor blir också stängt för Gud.

Överallt i vår värld ser vi vittnesbörden om vad ondskans intrång i Guds skapelse resulterat i. Våld, vanmakt, sorg, skuld, sjukdom, död, oförstånd, hat, missräkningar, hopplöshet, bitterhet … Tänk om ändå budskapet om försoning, frihet och nåd kunde tränga igenom alla murar, avslöja alla lögner och nå in till alla de platser där vantro och kaos förbittrar människors liv. Tänk om Den stora berättelsen fick förmedla det budskap om tro, hopp och kärlek som den här världen så innerligt väl behöver. Många har hört det och fått sina liv förvandlade. Men ännu har inte alla nåtts av det. Andra lyssnar inte, eller vill inte. Lögnen från Edens lustgård har inte tystats.

Men så finns ju kyrkan, det folk som Gud utvalt att tillhöra honom, representera honom och förkunna hans kärlek till världen. Kyrkan är bärare av försoningens ämbete. Kyrkan har anförtrotts budskapet om försoning till världen! (Se Andra Korintierbrevet 5:20).

Det betyder också att kyrkan har en alldeles speciell och självklar plats i Den stora berättelsen. Därför kommer den också att få ett särskilt utrymme senare i den här boken.

7

VAD KOSTAR DET?

Men det framgår med smärtsam tydlighet att forn-
kyrkan i stort inte kunde tänka sig att omtolka be-
kännelsen "Jesus är Herren" så som samhällets
makthavare önskade: "offra till gudarna så kan ni
få hålla på med era kristna gudstjänster så mycket ni
vill!" Därmed gav de det grekiska ordet för vittnes-
börd sin tunga innebörd: martyria.
MAGNUS MALM[22]

Hon hette Elna och blev 53 år. Hon var min farmors yngsta
syster. Under nästan 30 år levde hon tillsammans med män-
niskorna i provinsen Shanxi i norra Kina, delade deras plåg-
samma vardag och berättade för dem om Guds kärlek till
dem. Julen 1947 fick hon betala det slutliga priset för sin
hängivna tjänst. Efter en summarisk rättegång i en så kallad
folkdomstol slogs hon ihjäl med påkar, försedda med

hullingar, på en öppen plats utanför staden. Innan de sista slagen föll erbjöds hon benådning om hon förnekade sin tro och lovade att inte predika mer. Hennes svar blev: "Ni kan slå ihjäl mig, men ni kan inte hindra min Gud att hämta mig hem till sig."[23]

Elna är bara en bland miljoner andra som villigt och tveklöst med sitt eget blod betalat priset för övertygelsen om att det liv Gud vill ge oss inte bara är meningsfullt – det är värt precis allt. Och själva döden står handfallen inför den sanningen.

Tron på Jesus som Guds son, den ende som kan ge oss det eviga livet, har aldrig orsakat så mycket hat och ren förföljelse som i vår egen tid. Open Doors, organisationen som arbetar för att uppmärksamma förföljelsen av kristna och som gör stora insatser för att hjälpa de drabbade, listar varje år de 50 länder i världen där förföljelsen är mest påtaglig. För varje år visar rapporterna på en alltmer ökande förföljelse, och nya länder tar plats på listan. Allt fler kristna (ett antal av över 360 miljoner, uppges i en rapport i början av år 2022)[24] får betala ett mycket högt pris för sin bekännelse till Jesus. Det betyder att var åttonde kristen i världen får lida för sin tro.

Så Elna, min farmors syster, var varken den första eller sista som betalade priset. Ofattbart många har delat denna erfarenhet med henne, och hela tiden tycks skaran av martyrer öka.

Men det finns en som har betalat det yttersta priset för

mänsklighetens räddning: Gud själv. Den stora berättelsen, den som finns nedtecknad i Bibeln och som handlar om skaparens personliga kärlek till varje människa, sammanfattas i en enda bibelvers, Johannesevangeliets tredje kapitel och sextonde vers. När vi begrundar vad den versen säger anar vi det oerhörda priset för vår räddning: "Så älskade Gud världen att han gav den sin ende Son, för att de som tror på honom inte ska gå förlorade utan ha evigt liv." Det går inte att med vårt förstånd mäta storleken på det pris som Gud betalade för att ge oss det sanna livet. Det finns inget sätt att ange djupet och vidden och längden och höjden av den kärlek till oss som ligger bakom budskapet i den här bibelversen. Vi kan bara i hänförd tillbedjan ge Gud vårt tack för att han betalat priset för sin kärlek.

Det finns en bestämd plats på jorden och en bestämd punkt i historien som utan ord beskriver vad det kostade Gud:

Korset på Golgatakullen utanför Jerusalem.

År 33 efter vår tideräknings början.

8

DET ÄR FULLBORDAT!

Den som inte visste vad synd var gjorde Gud till synd
för vår skull, för att vi genom honom skulle få Guds
rättfärdighet.
PAULUS[25]

Där är Guds lamm, som tar bort världens synd.
JOHANNES DÖPAREN[26]

Jag kan inte förstå ...

... att den evige, helige, allsmäktige Guden, som råder
över universums stjärnevärldar och solsystem, han som står
över alla begränsningar, valde att komma till vår värld i
mänsklig gestalt och leva som vi, känna som vi, låta sig ut-
sättas för alla de prövningar vi utsätts för och identifiera sig
med oss i vår fattigdom och svaghet.

59

Men Den stora berättelsen, nedtecknad i Guds ord, Bibeln, har övertygat mig. Några fåraherdar utanför Betlehem blev de första som fick veta vad som hänt under natten i en djurgrotta där inne i stan. "I natt har en Frälsare fötts åt er i Betlehem, Davids stad. Han är Messias, Herren." Nu, två tusen år senare, har det som hände den gången fått avgörande konsekvenser för mitt liv.

Jag kan inte förstå …

… djupet av den kärlek som drev Jesus Kristus till korset, det utstuderat grymma avrättningsredskap som romarna använde för att verkställa dödsdomen över de allra grövsta förbrytarna. Han lät sig gripas av det judiska prästerskapets vaktstyrka, förrådd av en av sina egna lärjungar. Han lät falska anklagelser riktas mot honom i en regelvidrig rättsprocess – utan att försvara sig. Han gjorde inget motstånd när piskslagen trasade sönder hans rygg och han gav inte igen när skymforden haglade mot honom.

Men ett vet jag: han lät sig förnedras och misshandlas därför att Guds kärlek till vår värld, till varje människa, brann inom honom. "Så älskade Gud världen …"

Det var den kärleken som drev honom. Och den kärleken är alltför stor och alltför ren för att beskrivas i ord och mätas av vårt förstånd. Det är bara att kapitulera och låta den förvandla ens liv. Bara den kärleken kan ge mening åt livet och föda en ny sång i hjärtat.

Jag kan inte heller förstå …

… att den man, som under hela sitt liv ömkade sig över de hjälplösa, tröstade dem som sörjde, älskade de föraktade, gav liv och hälsa till dem som var sjuka, talade ord som gav hopp och tro, han som av många kallades profet och till och med Messias, Guds smorde … att han ändå blev upphängd på ett grovt träkors – som för honom som jude var tecknet på förbannelse; som i världens ögon var ett förnedringens och skammens tecken; som för alla var ett tecken på djupaste smärta och total övergivenhet. Den scen som åskådarna såg den fredagen hade regisserats väl av de onda krafter som håller vår värld i sitt grepp. Det var Satans stora triumf! "Min Gud, min Gud, varför har du övergivit mig?" (Matteusevangeliet 27:46) ropade den korsfäste rakt ut i förtvivlan och fullbordade därmed Satans triumf.

Det var sant, Gud vände bort sitt ansikte från honom. Synden skilde dem åt, den synd som i historiens morgon hade stängt paradiset för människan och brutit gemenskapen med Gud. Nu drabbade detta Guds egen son.

Men det var inte *hans* synd. Det var vår synd, mänsklighetens samlade ondska och vanmakt, som Jesus tog på sig.

"Den som inte visste vad synd var gjorde Gud till synd för vår skull."

Den djupa innebörden av detta kan jag aldrig fatta med mitt förstånd. Men ett vet jag: om den mänskliga historien inte kunnat berätta om det som skedde den där fasansfulla dagen, ett trettiotal år in i vår tideräkning, hade allt hopp om

61

räddning för mig och för alla andra varit ute.

Det är en kuslig scen som målas för våra ögon när vi låter Matteus, Markus, Lukas och Johannes beskriva dramat på Golgatakullen utanför Jerusalem. Vi ser en svårt torterad man som utkämpar sin dödskamp, uppspikad på ett kors. Domen är verkställd, mannen är dömd för hädelse och statsfientlig verksamhet. Men det är en dom som grundades på en lagstridig rättegång – det var de facto ett justitiemord. Men tydligen ansågs alla medel vara tillåtna för att undanröja det växande hot mot maktens män och rikets säkerhet som denne upprorsmakare från Nasaret utgjort.

Nu dör han. Folkets ledare kan andas ut.

Men många gråter. En profet var han, en som gett hopp och upprättelse åt så många. En man av folket, en talare som ingen annan, en som utfört underbara gärningar i Guds kraft. Nu hänger han där, förnedrad, krossad, döende. Ovärdigt behandlad och oskyldigt dömd.

Så såg det ut i människors ögon. En förbrytares död – en välgörares död. Det oväntade mörkret och jordbävningen var som en naturens protest mot det orättfärdiga som hände den här dagen.

Men det var inte slutet. Det som verkligen utspelade sig där på kullen var en uppgörelse på ett helt annat plan än vad det mänskliga ögat kunde registrera. Det var Guds uppgörelse, en gång för alla, med ondskans destruktiva inflytande och makt i den värld han skapat och älskade. Jesus var inte bara en god människa som oförtjänt straffades med döden. Han var det offer på Guds altare som försonade hela världens synd och gav människorna en ny chans till frihet, sanning och fred med Gud.

Det som såg ut som ondskans triumf blev i själva verket ondskans definitiva nederlag. Jesus klagan om att Gud övergett honom var inte hans sista ord innan han gav upp andan. "Det är fullbordat!" (Johannesevangeliet 19:30) utropade han. Offret hade burits fram. Det ondas makt var bruten. Guds kärlek hade triumferat. "Fader, i dina händer överlämnar jag min ande" (Lukasevangeliet 23:46), blev hans sista ord på korset.

Vad de orden i hela sin vidd betyder vittnade en tom grav om på tredje dagens morgon. "Livet vann, dess namn är Jesus"[27], skrev Carl Olov Hartman, och miljarder kristna stämmer in med jubel. Jesus är uppstånden, ja, han är sannerligen uppstånden!

Historien bekräftar allt detta. Den stora berättelsen handlar om just detta. Men mitt förstånd räcker inte till för att ta in det förnuftsmässigt. Men jag behöver inte förstå. Jag tror, i djupet av mitt hjärta, att det är sant. *"The Greatest Story Ever Told"* (titeln på en film om Jesus från Nasaret som spelades in 1965) är för mig grunden för mitt hopp och min trygghet och står för hela meningen med mitt liv. Jag behöver ingenting mer – och jag kan inte göra något mer. Bara ta emot i tro och leva i dess sanning.

Det svåra med nåden är att den är gratis. Vi vill så gärna

göra oss förtjänta av det vi får ta emot. Men när det gäller den frälsning som Jesus vann åt oss i sin död på korset, så finns det ingenting vi kan göra för att bli värda denna gåva. Våra egna ansträngningar är tvärtom ett underkännande av betydelsen av Jesus död. "Det är fullbordat!" Ingenting kan läggas till, allt är klart.

Nyligen läste jag en betraktelse av en pastor, som skrev så här: "Som pastor har jag fått lära mig renhållningsarbetet att städa undan det som vi gärna lägger till frälsningen." Det vi gör för att förtjäna Guds nåd förringar vad Gud gjort.

Nåden är gratis – men den är inte billig. Den kostade Gud allt. Vi kan ingenting annat än – ta emot.

En liten anekdot från skolans värld. Fröken skrev ordet **Tro** på svarta tavlan och frågade klassen vad det stod (det var mycket tidigt i deras skolliv). En liten grabb räckte ivrigt upp handen och svarade: "Det står ro bakom ett kors."

Vilken predikan! Varje människas djupaste behov är att hitta den förankring för sitt liv som ger ro, eller frid. Det är det vi söker efter. Platsen vi måste söka på för att finna det vi söker är korset, där Jesus gav sitt liv för oss. När vi i tro tar emot budskapet om den kärlek som rakt genom alla århundraden når oss från den platsen, tystnar kaosrösterna i vårt inre och friden blir vår.

Eller som det står på den gravsten som är rest över August Strindbergs grav: "Ave crux, spes unica" – Var hälsad kors, mitt enda hopp.

9

VARFÖR ÄR DÅ VÄRLDEN SÅ OND?

Inte ens en allsmäktig Gud kan tvinga en annan att den skall älska.
ARNE FRITZSON[28]

Om korset är tecknet för Guds seger över ondskan, varför ser då världen ut som den gör? Vart tog segern vägen?

De två tusen år som gått efter Jesus död och uppståndelse har varit fyllda av katastrofer, lidande, krig och ond bråd död. Inte minst 1900-talet, och inte minst vår egen världsdel, har varit slagfält för onda makters härjningar. Två av de mest förödande krigen i mänsklighetens historia hemsökte vår värld under århundradets första hälft. Onda män uppträdde på världsscenen som personifieringar av Satan själv: Stalin, Mao Tse Tung, Idi Amin, Pol Pot, Adolf Hitler.

Och nu kommer 2000-talet med sin kandidat: Vladimir Putin.

Hur skulle vi kunna tro att ondskan är besegrad? Att själva döden har förlorat sin makt?

När freden efter världskriget under 1900-talets andra årtionde slöts i Versailles i juni 1919 var optimismen stor: "Aldrig mer krig!" Det blev som ett mantra. Hur skulle någon kunna och vilja starta några krig i framtiden efter vad man sett av fasa och död under de sex gångna åren? Nu hade väl ändå de onda krafter som plågat en hel värld besegrats!

Vem kunde ana att det bara tjugo år senare skulle braka loss igen? Vem kunde tro att det nyss avslutade världskriget skulle få ett nytt namn: Första världskriget. Att det skulle följas av ytterligare sex år av fasa och död?

Ondskans framfart hade sannerligen inte hejdats!

Och så har det fortsatt. Porten är fortfarande stängd till Edens lustgård med dess harmoni, fred, godhet och skönhet. Människan befinner sig fortfarande utanför, i en våldsam, ond värld.

När meddelandet om att Nazityskland kapitulerat nådde Sverige den 8 maj 1945 strömmade folk ut på gatorna, sjöng, dansade och jublade. Konfettin regnade ned från fönster och balkonger, man viftade med flaggor. Inte för att jag minns något av det, jag var bara drygt tre månader gammal. Men de gamla pressbilderna jag senare i livet sett från fredsfirandet, särskilt i Stockholm, har fastnat på mina näthinnor. De allierades seger var definitiv, odiskutabel och total. Tre månader senare fälldes den första atombomben över Hiroshima i Japan. Strax efteråt föll den andra över Nagasaki. Och ondskan fick ett nytt, djävulskt, ansikte. Jublet i Europa och på Stockholms gator fastnade i halsen. Även om segermakterna nu också tvingat Japan på knä, så hade de gjort det med hjälp av ett vidrigt vapen som sedan dess har legat som ett hot över hela mänskligheten.

Men de onda krafterna har trots allt inte ensamrätten till vår värld. Även om de tycks få stort spelutrymme så finns det faktiskt ett motståndarlag på andra planhalvan. Det finns gott om starka exempel på godhet, barmhärtighet och medmänsklighet i människornas värld. Ondskan har verkligen inte monopol på inflytandet över människors sinnen, även om det ibland ser ut som att den totalt dominerar i samspelet mellan nationer och folkgrupper eller i det vi ser idag av gängkriminalitet och liknande. Hade ondskan haft ensamrätten i vår värld hade allt hopp varit ute för vår jord.

Men på grund av att Jesus har besegrat djävulen genom sin död på korset så finns ljuset i en mörk värld, Guds kärlek finns mitt i en hatisk värld och hans godhet exponeras gång på gång i en värld av våld.

Djävulen är besegrad och fråntagen rätten att utöva sin

demoniska makt över skapelsen som syndafallet gav honom. Men genom lögn och bedrägeri regerar han fortfarande. Pengar, sex och makt är de lockbeten som finns i hans arsenal. Alltför många av Adams och Evas ättlingar låter sig förföras och hänger gladeligen på i upproret mot Gud. Alla har frihet att välja: att följa begäret efter pengar, sex och makt, eller att följa den väg som Jesus visat. För kärleken från Gud, som demonstreras för oss på Jesus kors, tvingar ingen till omvändelse. Sann kärlek kan inte tvinga någon, den kan bara erbjuda nåd.

Gud har skapat oss till sin avbild. Han har gett oss en fri vilja – utan den vore vi inte självständiga individer med frihet att välja mellan ont och gott. Utan den skulle inte kärleken finnas. Men med den kan också hatet och ondskan få fäste i världen.

Den amerikanske journalisten och författaren Philip Yancey skriver: "Gud värnar så ohyggligt starkt om människans frihet att han gav oss makt att leva som om han inte fanns, att spotta honom i ansiktet, att korsfästa honom."[29] "… Kärleken har en egen sorts makt, den enda makt som sist och slutligen kan erövra ett människohjärta."[30]

Kanske kan man säga att kärleken bidar sin tid.

Även om vi ännu inte ser Guds makt råda fullt ut i vår värld; även om vi ibland bara hjälplöst kan se på när ett cyniskt maktspel driver miljoner människor på flykt från krig och förtryck; även om vi känner djup oro när det oprovocerade våldet blir allt vanligare omkring oss; även om vi förtvivlar över de orättvisor vi ser i våra samhällen … så kan vi också se att ondskan om och om igen utmanas av godheten. Vi ser att väldigt många människor låter sina liv präglas av sanning, rätt och barmhärtighet. När katastrofer inträffar och kriser hemsöker länder och samhällen, då finns också medmänskligheten där. Man ställer upp för dem som drabbas, barmhärtighet och osjälvisk omsorg hittar vägar att lindra nöden. Det visar sig att människor är goda, hjälpsamma och fyllda av en önskan att hjälpa.

Utan att de kanske ens tänker på det är de tecken på att djävulens makt är begränsad. Att han i grunden är besegrad. Därför lever vi i en värld som ändå rymmer så mycket skönhet, godhet och medmänsklighet.

Hemligheten till att det är så – och faktiskt nyckeln att förstå storheten i Den stora berättelsen – är att Gud inte övergett sin skapelse. När de första människorna portades från paradiset på grund av upproret mot Gud valde Gud, i sin ofattbara kärlek, att följa människorna ut i mörkret. Han kunde inte överge dem.

Bland jordens alla folk utvalde han ett folk, Israel, för att genom dem göra sin närvaro synlig på jorden. Genom hela detta folks historia, dokumenterat av Gamla testamentets författare, ser vi hur han följde dem och relaterade till dem som sitt egendomsfolk: han bodde mitt ibland dem, han vädjade till dem att gå rättfärdighetens väg tillsammans med honom och han varnade dem för att vända sig bort från honom och gå på lögnens vägar, som skulle leda dem i olycka.

Och så, "när tiden var inne" (Galaterbrevet 4:4), gav han oss det yttersta bevisat på sin närvaro i vår värld. Han kom till oss i mänsklig gestalt, delade våra villkor, gick på våra vägar och bar våra synder. Jesus från Nasaret var Gud själv, synlig för oss i vår egen mänsklighet, delaktig i våra liv och vår död. Och han vann den frihet från synd och död som vi själva aldrig kunde nå. Porten till paradiset, som slog igen bakom de första människorna, öppnades för alla som i tro tar emot budskapet om korset och den tomma graven.

I Jesus från Nasaret har Gud fullgjort sitt försoningsverk. Han har, med trosbekännelsens ord, "fötts av jungfrun Maria, pinats under Pontius Pilatus, korsfästs, dött och begravts, nederstigit till dödsriket, på tredje dagen uppstått igen från de döda, uppstigit till himlen" – alltsammans bevittnat och dokumenterat mitt i den historia vi själva är en del av.

Under dessa 33 år i början av vår tideräkning förkroppsligades Gud i människan Jesus från Nasaret. Men hans "uppstigande till himlen" satte inte punkt för hans närvaro på jorden. Vi läser visserligen att hans lärjungar såg honom "lyftas upp och ett moln tog honom ur deras åsyn" (Apostlagärningarna 1:9). Men molnet förde honom inte bort ifrån dem, upp till en avlägsen himmel. Tvärtom – hans närvaro blev ännu mer påtaglig. Författaren och teologen Magnus Malm förklarar:

När vi tänker på moln är det de som svävar däruppe, på himlen. Och vips har vi den rumsliga föreställningen att Jesus först förflyttar sig upp och bort – och sedan kommer tillbaka samma väg. Med den synen blir det onekligen svårt att tala om hans närvaro i församlingen.

Men molnet i Bibeln står för något annat, nämligen för Guds härlighet.[31]

Bibeln ger många exempel på detta, och Magnus Malm nämner bland annat berättelsen om invigningen av det "flyttbara tempel", tabernaklet, som folket byggde i början av sin ökenvandring. Invigningen blev dramatisk och skildras på detta sätt i avslutningen av Andra Moseboken: "Då kom molnet och täckte uppenbarelsetältet och Herrens härlighet fyllde boningen. Mose kunde inte gå in i uppenbarelsetältet, därför att molnet fanns där och Herrens härlighet fyllde boningen" (2 Moseboken 40:34-35).

Sedan ger Magnus Malm ett nytestamentligt exempel, en lika dramatisk händelse, i synnerhet för tre av Jesus lärjungar. Den utspelade sig på ett berg dit Jesus tagit dem med sig och Jesus visade sig i sin härlighet tillsammans med Mose och Elia: "Sedan kom ett moln och sänkte sig ner över dem, och en röst från molnet sa: 'Detta är min älskade Son. Lyssna på honom!'" (Markusevangeliet 9:7). Magnus Malm summerar:

Molnet visar sig alltså hela tiden i gränslandet mellan Gud

och människa, som en port mellan osynligt och synligt. Det är som ett sakrament: det uppenbarar och det döljer ... Ingenstans handlar det om förflyttning bort eller fysiskt avstånd. Att Jesus "kommer tillbaka" betyder alltså närmast att han åter blir synlig för våra fysiska ögon.[32]

Gud har inte övergett oss. Hans närvaro är tydlig om vi vill se den. Godheten, ljuset, barmhärtigheten finns som en motkraft mot ondskan i världen. Kanske är det tydligaste beviset för hans närvaro i världen alla dessa Jesustroende som väljer att inte förneka sin mästare trots alla hot, de som väljer lidandets väg i trohet mot honom, de som betalar priset för att följa honom och med sina liv vittnar om hans närvaro mitt i en ond värld.

Det kommer en dag då en hel värld ska få bevittna den fulla innebörden av Jesus seger på Golgata kors och se hur han träder fram i sin härlighet, synlig för alla.

Satan är människans fiende, och vi ser att han fortfarande, genom lögn och bedrägeri, utövar det inflytande över mänskligheten som han fick tack vare de första människornas svek mot sin skapare. Men korset betyder att hans rätt att utöva sin makt bröts, och nu håller ett nytt herravälde på att upprättas, det som Bibeln kallar Guds rike.

Det kan tyckas som att långfredagens hopplösa mörker råder över vår värld. När Jesus drog sitt sista andetag på korset var det ingen som trodde på hans seger över döden och ondskan, inte ens de lärjungar som trott på honom och hoppats på honom. Den hopplösheten vilar tungt över vår värld idag. Men påskdagen kom, graven öppnades och Jesus uppstod. Livet hade segrat! Kärleken hade besegrat ondskan! Och nu håller Guds rikes herravälde på att upprättas.

I bildlig mening är det fortfarande lördag i vår värld, dagen mellan korset och uppståndelsen. Men Den stora berättelsens stora budskap är att det kommer en "söndag", Herrens stora dag, då han kommer att uppenbara sitt eviga, fullkomliga rike!

Då är "lördagen" förbi. Då är Guds herravälde, kärlekens, godhetens, rättfärdighetens och den fullkomliga glädjens herravälde, upprättat och Satan är utvisad för alltid ur vår värld.

Till dess, låt oss kämpa på Guds sida. Låt oss be av hjärtat: "Låt ditt rike komma."

DEL 2
LIV I GEMENSKAP

10

INGEN MÄNNISKA ÄR EN Ö

*No man is an island entire of itself; every man is
a piece of the continent, a part of the main.*
JOHN DONNE[33]
(I en översättning till svenska av Roland von
Malmborg: *Ingen står helt ensam, som en öde ö i
vind*)

När Den stora berättelsen återger Bibelns dramatiska inled-
ning, då Gud skapade allt, får människan en huvudroll. Hon
skapas till Guds avbild, och hon får uppdraget att förvalta
Guds skapelse.

Och allt är gott! Gång på gång läser vi i Bibelns första
kapitel om hur Gud ser tillbaka på det han skapat och

konstaterar att det blev bra. Gud såg att ljuset var gott, jorden och vattnet var gott, grönskan och växterna, solen, månen och himlakropparna, de olika arterna av djur – allt var gott. Men när mannen skapats var det ändå något som saknades: "Det är inte bra för mannen att vara ensam", sa Gud (Första Moseboken 2:18). Så Adam, den första människan, fick en medhjälpare, "en sådan som passar honom" (vers 18). Mannen och kvinnan skapades för varandra.

Det var så Gud fullbordade sin skapelse.

Det var så han skrev in ordet TILLSAMMANS i världen.

TILL varandra – och SAMMAN med varandra.

Sådan var skaparens goda avsikt för oss. Nu vet vi ju – och vi ser det varenda dag – att den ondska som invaderade Guds skapelse hade ett enda uppsåt, nämligen att slå sönder ordet tillsammans och separera oss människor från varandra, att stycka sönder "kontinenten" som John Donne predikade om för snart 400 år sedan[33] och göra oss till små öar, isolerade från varandra.

Adam och Eva gömde sig för Gud, blev rädda, skylde sig för varandra och skyllde på varandra och omständigheterna (Första Moseboken 3:8-13). Människan och skapelsen kom på kant med varandra (vers 15, 17-19). Döden klev in i människornas värd och ryckte dem ifrån varandra (vers 19), och redan i nästa generation begicks det första mordet (1 Moseboken 4:8).

Längre fram i historien läser vi om ett jättelikt projekt som skulle trygga mänsklighetens framtid, befästa dess enhet och förklara dess oberoende av skaparen. Man började bygga ett torn som skulle "nå upp till himlen" (Första Moseboken 11:1-4). Det skulle bli en gemenskapens och enhe-tens triumf för världen. Men resultatet blev förvirring och splittring.

Det tycks vara svårt att uppnå verklig gemenskap utan Gud, vilket vår egen tid ger otaliga bevis på. Idag är ensamheten ett stort folkhälsoproblemen i vårt land. På 1800-talet var alkoholkonsumtionen ett gigantiskt hot mot det svenska folkhemmet, idag är det bristen på social gemenskap och psykisk ohälsa som en följd av den, som målar upp en allvarlig hotbild. För tvåhundra år sedan kom Guds svar i form av en landsomfattande väckelse. Kommer vi att få se himlens svar på nöden i vårt land idag? Bara en sann väckelse kan bryta ensamhetens förbannelse.

Budskapet i Den stora berättelsen är tydligt: Vi är skapade för varandra och till varandra. "No man is an island." Guds stora gåva till oss är en kärleksgåva som stavas gemenskap.

Ett av de vackraste och djupaste uttrycken för gemenskap är familjen. Också den är en Guds gåva till mänskligheten. Jag är inte omedveten om att för många betyder familjen något helt annat än trygghet och tillhörighet. Precis som allt annat gott som Gud gett oss kan den förvrängas till sin motsats. Det är en verklighet för alltför många idag.

När jag nu berättar om min egen familj, så är det med en bön från mitt hjärta att Gud ska förbarma sig över vårt land så som skedde under 1800-talets väckelse och upprätta de många familjer där samhörigheten mellan föräldrar och barn bara är ett tomt skal, en fasad utan innehåll.

Tillsammans med mina fem syskon växte jag upp i en god familj. Där fanns värme och trygghet, ibland också stränghet. Mamma och pappa ville sina barns bästa i alla lägen. Inte minst var deras stora önskan att deras sex barn skulle få en personlig tro på Gud, en önskan de förvandlade till bön. Och deras böner blev hörda. Deras exempel och fostran gav en god frukt. Deras gemenskap med Gud blev också deras barns erfarenhet.

Så när nummer tre i syskonskaran, Elisabet, hade levt färdigt sitt korta liv på jorden, 11 år gammal, visste både hon och vi andra vart hon var på väg. "Jag har hört om en stad ovan molnen", sjöng hon. Och det var dit hon begav sig en augustidag 1959.

Jag kom för sent till sjukhuset i Alingsås den dag då pappa dog. Det var en novemberdag 1992. När tåget från Örebro stannade i min barndomsstad möttes jag av beskedet att pappa redan var död. Men när jag en kvart senare stod vid hans dödsbädd kunde jag från djupet av mitt hjärta säga mitt tack till Gud för vad pappa betytt för mig. Jag kunde räkna upp så många tillfällen då han visat mig sin kärlek, även om han inte talade om den så mycket. Jag mindes hans humor, jag kom ihåg hans slit för att kunna försörja sin stora familj, och jag såg för min inre syn när han stod med fiolen mot hakan som en riktig dalkarl ska göra.

Också när mamma dog tio år senare kom jag för sent. Det var lika lång väg från Örebro den gången. Men vid ett besök på sjukhuset någon vecka tidigare hade jag tagit farväl av min fantastiska, kärleksfulla mor.

Våra föräldrars många gånger kampfyllda liv för att få vardagen att gå ihop, deras exempel på fasthet och tro och deras aldrig svikande kärlek till varandra har följt oss barn. Nu har vi egna familjer. Vi har ett föredöme att följa, samtidigt som vi möter en värld som ser så annorlunda ut och har helt andra utmaningar än den våra föräldrar levde i. Den gemenskap och samhörighet som alltifrån skapelsen är Guds stora gåva till oss ifrågasätts allt oftare och hotar att slitas ur våra händer.

Så jag ber om två saker: Först ber jag Gud om hjälp att också i fortsättningen kunna förvalta denna gåva – gemenskap och trohet – som han gett till mig, till min fru och till mina barn. Sedan ber jag Gud om hjälp att aldrig döma någon som tvingas bryta upp från en relation. Jag har ingen rätt att kritisera någon innan jag själv har gått "i den andres skor".

Liv i gemenskap är ett liv med mening och innehåll. Utan gemenskap blir livet fattigt, det når liksom inte ända fram. Anledningen till det är att vi är ämnade för att leva i gemenskap, det är nedlagt i själva skapelsen.

Familjen är ett uttryck för detta. Den är en Guds särskilda gåva till människorna. Äktenskapet är självklart en del i det.

När Bibeln definierar människan gör den det helt enkelt med orden: "Och Gud skapade människan till sin egen avbild, lik sig själv skapade Gud människan, till man och kvinna skapade han dem" (Första Moseboken 1:27). Och Bibeln konstaterar: "det var mycket gott" (vers 31). En mer nära och intim gemenskap finns inte. Den är rotad i själva skapelsen och bekräftad av Jesus:

"Från skapelsens början skapade Gud dem till man och kvinna, och därför lämnar en man sin far och mor och håller sig till sin hustru, så att de två blir ett kött. De är alltså inte längre två utan en kropp" (Markusevangeliet 10:6).

De orden hade jag stavat på och försökt ana vidden och djupet av den härligt vackra sommardagen i början av augusti 1969, när jag gick den långa mittgången fram i Boda kyrka med min fästmö vid min sida. Bara några minuter senare skulle vi säga vårt ja till varandra och förenas till man och hustru. Sedan har vi fortsatt vår livsvandring sida vid sida. Under drygt 52 år nu har vi delat välsignelsen av den gemenskap som Gud knutit till äktenskapet mellan man och kvinna. Och nu kan vi intyga: Delad gemenskap är fördjupad gemenskap. Delat liv är ett mera helt liv.

Familjen och äktenskapet är verkligen starka vittnesbörd om att livet här på jorden är ämnat för gemenskap och tillhörighet och ömsesidigt tjänande av varandra. De är Guds gåvor till den värld han skapat, och de är grundfundament för det liv vi är skapade för här i världen.

Till alla som av olika anledningar inte kunnat glädjas över dessa Guds gåvor skulle jag vilja säga: Det finns en gåva som är ännu större, den heter Guds oändliga nåd och kärlek. Den gäller varenda en av oss. Utan förbehåll och utan undantag.

11

MOTSTÅNDSRÖRELSE

*Genom att vara fyllda av precis samma Ande som
gjorde att Jesus uppstod från de döda är det meningen
att våra liv djärvt ska proklamera, trots vår världs
brustenhet och orättvisa, att vi är hoppets människor.*
MIKAËL BOUCHER[34]

I flera av de länder som ockuperades av Nazityskland under
andra världskriget fanns det modiga män och kvinnor som
vägrade ge upp kampen mot dem som erövrat deras land.
Inte minst i våra nordiska grannländer fanns sådana mot-
ståndsrörelser.

På ett andligt plan är vår värld ockuperad av främmande

makt. Bibeln konstaterar rakt på sak: "Hela världen är under den Ondes makt" (Första Johannesbrevet 5:19). Men, som sagt, Gud har inte övergett världen, och han har ett folk som han utvalt, som tillhör honom och som därför per definition är en motståndsrörelse i denna värld.

Över den kristna kyrkan på jorden står Jesus ord till de första lärjungarna skrivna: "Om ni tillhörde världen skulle världen älska er som sina egna. Men nu tillhör ni inte världen utan jag har valt ut er ur världen och därför hatar världen er" (Johannes 15:19). Det hat vi ser mot den kristna kyrkan idag är kanske inte så tydligt i vårt land, men i stora delar av världen sker förföljelsen mot kristna helt öppet och med myndigheternas godkännande – ibland är den till och med initierad av de styrande.

Förresten är inte heller Sverige helt förskonat. Det finns en utbredd nedsättande, föraktfull attityd mot den kristna tron också i vårt land, i kulturlivet, i politiken, i den offentliga debatten och inte minst i skolorna. Fråga en kristen elev i grundskolan om vad han eller hon kan utsättas för, ibland till och med av lärarna.

Bekännelsen till Jesus har ett pris. Men den gör också hans folk till en motståndsrörelse i en värld som invaderats av en främmande makt – av Guds och människans fiende nummer ett, Satan. Att följa Jesus är att kämpa med honom i hans kamp mot ondskan.

Den stora berättelsen får aldrig så tydliga konturer och aldrig ett så meningsfullt innehåll som i gemenskapen av Jesustro-ende. Så när Den stora berättelsen skrivs får Guds folk, för-samlingen, en huvudroll. Och när jag nu låter det här ka-pitlet och de följande beskriva den rollen, så är fokus på kal-lelsen att vittna om Guds närvaro i världen och om den försoning han vann åt oss människor. Det är ju just detta vittnesbörd som är den kristna kyrkans uppgift och dess identitet. Det innebär samtidigt, som sagt, att den just ge-nom detta vittnesbörd om Jesus seger över ondskan är en motståndsrörelse i en ockuperad värld.

Men kyrkan är också ett tecken på vad som ska hända i framtiden, när Guds eviga, fullkomliga rike slutgiltigt upp-rättas på jorden. "Hon är en försmak av Guds rike, en för-kultur som pekar på den kommande världsordningen i Kris-tus. Därmed är hon också en motkultur till den världsord-ning som går mot sitt slut", säger Magnus Malm.[35]

Guds folk på jorden är alltså ambassadörer för ett an-norlunda rike, det rike vars sanna natur Jesus gav ord åt i ett samtal öga mot öga med den romerska världsmaktens främsta representant på judiska mark, Pilatus: "Mitt rike är inte av den här världen" (Johannesevangeliet 18:36).

Det är detta annorlunda rike som kyrkan representerar på planeten jorden. Det är Guds rike, och därför är Guds ord det självklara rättesnöret för kyrkan. Att ställa fram någon annan norm för vad kyrkan är och gör borde vara otänkbart.

Det borde vara otänkbart, men ibland verkar det som om

det inte alls är särskilt otänkbart. Det ser tvärtom ut som att det för många kristna är högst tänkbart att låta andra normer än Bibelns församlingssyn forma kyrkan idag. Vi talar så hemvant och självklart – och ibland med stolthet – om våra samfundskyrkor och våra olika kyrkotraditioner med lite varierande syn på mission, medlemskap och annat. Och varje del av kyrkan har sina bibliska referenser som bekräftar just det sättet att vara kyrka på.

Men den dag vi utan förbehåll vågar låta oss utmanas av den undervisning om församlingen som går genom hela Nya testamentet kommer vi att se att Gud har gett oss en annan bild av sin kyrka.

Jag vet att det finns många goda skäl att försvara den församlingssyn som vi har och som vi accepterat som den rätta. Men det är faktiskt svårt att hitta argument för den i Bibeln.

Det står var och en fritt att hålla med mig eller inte. Men låt mig berätta om vad som lett mig fram till den övertygelse jag nu har om vad Gud vill med sin kyrka i världen, en övertygelse som är grundad på den bild av församlingen som jag tycker mig se i Bibeln.

Då måste jag gå ända tillbaka till den tid som följde efter de lite vilda tonåren. När sommaren efter studentexamen gick över i höst var det dags för min värnplikt. Jag valde att göra den som vapenfri, och jag blev placerad på flygplatsbrandkåren, först på Arlanda och sedan i Karlstad. Under den 14 månader långa tjänstgöringen fick jag två lite längre ledigheter. Den första, under några sommarveckor 1966, använde jag till att delta i ett evangelisationsläger i Småland, där jag träffade min blivande fru (vilket jag inte visste då). Under den andra ledigheten, i slutet av min tjänstgöring, deltog jag i några veckors evangelistkurs i Falköping. (Vid det laget brevväxlade jag med min nya flickvän, och när det här skrivs har vi varit tillsammans i 55 år).

Dessa båda lite längre ledigheter under min vapenfria tjänst blev något av en påfartssträcka som ledde in på det som kom att bli mitt livs huvudväg. Jag skulle faktiskt kunna skriva namnet Församlingsvägen på den (som också är namnet på en gata i närheten av vår nuvarande bostad). Församlingen – den som beskrivs för oss av Nya testamentets författare – skulle komma att engagera mig, och till och med fascinera mig, under fortsättningen av mitt liv. (Möjligen kan rottrådarna spåras ända tillbaka till mina första levnadsår när mina föräldrar tog med hela barnaskaran till missionskyrkans gudstjänster. Vi fyllde nästan en hel kyrkbänk ...)

Efter kursen i Falköping fick jag pröva på att predika och ha ungdomssamlingar i olika missionsförsamlingar i bygderna runt min hemstad, Alingsås. Det var en mycket trevande början på min bana som predikant. Ändå blev det naturligt för mig att söka till missionsskolan på Lidingö (mer formellt Svenska Missionsförbundets Teologiska Seminarium) där jag gick en treårig pastorsutbildning. Några veckor innan jag började sista året på missionsskolan gifte vi oss, Ulla och jag.

Efter åren på Lidingö fick jag min första tjänst som pastor i Laxå med föreståndaransvar för fyra församlingar i bygden. Det var i Laxå som vi blev familj – våra två första barn, båda flickor, föddes här.

Både tiden i Laxå och de följande fyra åren i Åmål, som blev vår andra plats som pastorsfamilj, blev för mig en lärotid, kanske i högre grad än de tre studieåren på Lidingö. För nu var jag ute i verkligheten. Nu handlade det om att förkunna Guds ord för människor som faktiskt kommit för att lyssna. Nu handlade det om att leda gudstjänster. Nu handlade det om att undervisa ungdomar om vad Gud vill med deras liv, något som de verkligen frågade efter. Allt detta gav mig mycket glädje och, om uttrycket tillåts, "mersmak". Men samtidigt fick jag också en insikt i hur verksamheten i en typisk svensk frikyrka bedrevs, där en lång rad olika aktiviteter fyllde veckoschemat, alltifrån söndagsskola och olika ungdomsgrupper till gudstjänstprogram, sång- och musikgrupper och, inte minst, sammanträden med de personer som församlingen valt att leda verksamhetens olika grenar.

Allt det här bars av människor med stort engagemang och djup ansvarskänsla för Guds verk. Jag fick ofta anledning att beundra dessa personer som gav av sin tid och kraft utan att förvänta sig någon ersättning. Ändå var det något som skavde inom mig, och jag kände en växande tveksamhet till att det var på det här sättet vår Herre ville att hans barn skulle utföra hans uppdrag i världen.

En weekend tillsammans med flera pastorer på Vägsjöfors herrgård i norra Värmland blev för mig ett litet Förklaringsberg. Det var då som den diffusa känslan inom mig plötsligt fick klara konturer. Bibelstudierna, som leddes av den i svensk kristenhet välkände pastorn Sven Nilsson, blev en ögonöppnare – eller rättare sagt en hjärteöppnare! – för mig. Sven Nilsson hade under flera år varit en frontfigur för den församlings- och enhetsväckelse som växt fram under 1970-talet. Med sin stilla framtoning ledde han oss rätt in i Nya testamentets banbrytande undervisning om den kristna församlingen.

Det här blev en vändpunkt i mitt liv. Jag kände att de där vindarna som börjat blåsa rakt igenom den svenska kristenheten under 1970-talets karismatiska väckelse också tog tag i mig. Även om ingenting förändrades i kyrkorna därhemma började jag ana en förändring i mitt i eget liv, i min tjänst och i min framtid som pastor. Min bön om Guds ledning blev angelägen.

Jag var med på ett par av de konferenser som hölls i Katarina kyrka i Stockholm vid den här tiden och som fick en stor betydelse för kyrkan i hela landet. Vid några tillfällen medverkade jag med bibelstudier under veckohelger som anordnades av Kristna Ashramrörelsen, då kristna från olika håll samlades för att be och studera Guds ord. Hela tiden blev Bibelns församlingssyn allt tydligare för mig – samtidigt som det blev smärtsamt att se skillnaden mellan vår tids kyrka och den som Guds ord presenterade. En längtan föddes i mig att få se Gud upprätta och ena sin församling efter den mönsterbild jag tyckte mig se i Bibeln. Och en bön, fylld av längtan och bävan, formades inom mig – en bön om att få vara med och göra den bilden synlig för andra.

Två dagar i november 1980 (under allhelgonahelgen) besökte vi som familj några vänner som bodde på en ö i Mälaren. De dagarna fick stor betydelse för vår närmaste framtid. När vi bad tillsammans bekräftade Gud vår längtan efter hans helande verk bland hans folk i vårt land. Han ska göra det! Det var så jag uppfattade hans ord till oss.

Några julidagar året efter var vi på samma plats tillsammans med samma vänner. Den här gången bekräftade Gud att det var dags för uppbrott. Konkret innebar det att vi ett år senare flyttade till Restenäs utanför Ljungskile, där missionsorganisationen Ungdom Med Uppgift har sin bas.

Min uppgift blev att leda UMU:s lärjungaskola, vilket kort sagt innebar att jag tillsammans med en medarbetarstab skulle träna unga människor i lärjungaskap och mission. Här fick jag många tillfällen att undervisa om det som jag brann för: att Gud genom sin församling ville ge världen budskapet om försoningen. Dessutom fick jag på nära håll se hur Gud formade unga människor till lärjungar och utrustade dem för helig tjänst. Tillsammans fick vi på ett praktiskt och konkret sätt sträcka oss ut till människor i olika länder, miljöer och livssituationer och se hur de "drabbades" av hans barmhärtighet och kärlek. För mig var det var en fantastisk förmån att få stå i en sådan tjänst. Det var en spännande och många gånger strapatsfylld tid, men det var en tid full av mening. Jag fick ju vara med att träna unga människor för mission!

Det var också under den här tiden som vi fick vår tredje dotter. Vårt fjärde barn, en pojke, väntade tills vi precis lämnat Restenäs och blivit örebroare innan han kom till världen.

De åtta åren på Restenäs ligger nu ganska långt tillbaka i mitt liv. Livet ser annorlunda ut nu, men min övertygelse om att Gud ska förnya sitt folk och bygga sitt rike i enlighet sitt ord har inte blivit svagare. Den där "Församlingsvägen" som Gud lockat mig in på är fortfarande min livsväg. Än har jag inte sett slutet på den, tror jag.

Vad är det då Gud säger i sitt ord om sin församling? Jag vill ta dig med på den resan några sidor framåt. Det är nämligen ett av de verkligt stora temana i Den stora berättelsen.

När jag ser den bild av kyrkan som Bibeln lyfter fram kan jag inte annat än fyllas av förundran över den storhet och skönhet som målas upp för mig. Gud ger sin församling flera olika benämningar som var och en berättar för oss vad som är församlingens väsen och uppgift.

1. För det första beskrivs församlingen som ett **Guds tempel**. I exempelvis Första Korintierbrevet 3:17 skriver Paulus att "Guds tempel är ju heligt, och det är ni (alltså de troende i Korinth) som är det templet". När han senare skriver ännu ett brev till samma församling påminner han dem igen om att "vi är tempel åt den levande Guden, för Gud har sagt:

Jag skall bo och vandra mitt ibland dem. Jag ska vara deras Gud, och de ska vara mitt folk" (Andra Korintierbrevet 6:16).

I Nya testamentet, där den kristna församlingen träder fram på jordisk mark, används det grekiska ordet *naòs* för svenskans tempel. "Naòs" betyder Gudsboning. Vad Bibeln säger till oss är alltså att Gud har behagat uppenbara sin närvaro i världen i den kristna församlingen!

De troende i Efesos får det här budskapet från Paulus: "Ni är byggda på apostlarnas och profeternas grund, med Kristus Jesus själv som hörnsten. Det är i honom som hela huset fogas samman, så att det byggs upp till ett heligt tempel i Herren. I honom fogas också ni samman till en boning åt Gud i Anden" (Efesierbrevet 2:20-22).

Om det här gällde det första århundradets kristna i Efesos, så gäller det i lika hög grad om oss! Om vi tror att Bibeln är mer än bara en historiebok, att den faktiskt är Guds eget ord till sitt folk på jorden, då måste vi låta bilden av vad kyrkan är i vår tid speglas i den bild som Bibeln ger oss av kyrkan i världen. Dessutom måste vi böja oss i stilla förundran över den storhet och skönhet som Bibeln tillskriver församlingen!

Det är inte bara Paulus av de nytestamentliga författarna som beskriver församlingen som ett heligt tempel. Också Petrus målar samma fantastiska bild av de kristnas gemenskap: "Ni kommer till honom, den levande stenen som inte dög åt människor, men som är utvald av Gud och ärad inför

honom. Därför är ni nu själva levande byggnadsstenar i ett andligt husbygge. Ni blir ett heligt prästerskap som kan bära fram andliga offer som Gud tar emot med glädje på grund av Jesus Kristus ... Men ni är 'ett utvalt släkte, ett kungligt prästerskap, ett heligt folk, Guds eget folk som ska förkunna hans storverk'" (Första Petrusbrevet 2:4-5, 9).
Vilken mäktig beskrivning av församlingens storhet!

2. Ett annat av stororden som Bibeln använder när den beskriver församlingen är **Kristus kropp**. Det är ju faktiskt ett svindlande perspektiv Paulus ger oss när han skriver till sina vänner i Efesos: "Församlingen är hans (Jesus) kropp, fullheten av honom som uppfyller allting" (Efesierbrevet 1:23).

I början av brevet till de kristna i Kolossai sjunger Paulus en mäktig lovsång till Jesus Kristus, han vars storhet och makt och härlighet inte känner några gränser. Mitt i lovsången läser vi de nästan ofattbara orden: "Han är också huvudet för kroppen, det vill säga församlingen" (Kolosserbrevet 1: 18).

Det är nästan som att vi i bakgrunden till Paulus ord kan ana hans dramatiska upplevelse strax utanför Damaskus, då han i en syn fick möta den uppståndne Jesus och höra de ord som förvandlade honom från en förföljare till en efterföljare: "Jag är Jesus, den som du förföljer" (Apostlagärningarna 9:5). Det var inte bara en religiös sekt han försökte utrota. Det var Jesus själv han förföljde.

Jesus identifierade sig med sin församling!

Församlingen är hans kropp i världen!

Om nu Jesus, också efter sin himmelsfärd, bekänner sig vara ett med sina efterföljare, då förstår vi att gemenskapen mellan dem som tror på honom är ett uttryck för identiteten med Jesus. Tillsammans, i vår relation till varandra, i den synliga gemenskapen som församling, gestaltar vi Kristus kropp på denna jord.

Det är en metafor som knappast kan missförstås och som tydligare än något annat förklarar innebörden i den kristna församlingens gemenskap. Alla, oberoende av status eller begåvning, hudfärg eller tillgångar, är i lika hög grad en fullvärdig del av församlingen – en sanning som Paulus lika enkelt som skarpsinnigt fångar med sina ord i brevet till galaterna: "Därför är ingen längre jude eller grek, slav eller fri, man eller kvinna. Alla är ni ett i Kristus Jesus" (Galaterbrevet 3:28). Alla behövs – precis som ögat behöver foten. Alla är beroende av de andra – precis som handen är beroende av lederna. Alla är förenade i självklar enhet och i en ömsesidig omsorg. Och olikheterna sitter inte i vägen. Tvärtom, de är förutsättningen för att gemenskapen ska kunna uttrycka Kristus liv i hela dess mångfald och vittna om hans kärlek.

Den kände indienmissionären Stanley Jones uttryckte den djupa gemenskapen mellan kristna på ett träffande sätt: "Var och en som tillhör Kristus tillhör var och en som tillhör Kristus."

Det första århundradets kristna i Rom behövde påminnas om den djupa innebörden i församlingens gemenskap – och idag, tjugo århundraden senare, behöver kyrkan lika mycket lyssna till dessa ord från Paulus penna: "Det finns många delar i den kropp vi har, och varje del har sin speciella funktion. På samma sätt utgör vi i Kristus en enda kropp, även om vi är många. Och de olika delarna är till för varandra (Romarbrevet 12:4-5).

3. Bibeln beskriver också församlingen som en **familj**. Ordet trossyskon känns kanske gammaldags. Men det är så vackert! Och så förpliktande! Vi är inte bara levande stenar i ett tempelbygge och inte heller enbart olika lemmar med olika uppgifter och funktioner i Kristus kropp. Vi är också var-andras syskon i Guds familj.

Vi är bröder och systrar var vi än bor på den här planeten, och vi har samma pappa. Vår pappa är både den Gud som Jesus alltid talade om som sin Far och den Son som fadern sände till jorden – och han är den Ande, hjälparen, som Gud har andats in i sin församling.

Som syskon i denna världsvida familj är vi bundna till varandra med samma kärlek som Jesus visat mot oss. "Detta är mitt bud: att ni ska älska varandra på samma sätt som jag har älskat er", sa han (Johannesevangeliet 15:12). Han sa det till sina närmaste vänner den sista kvällen de hade tillsammans innan han skulle gå den svåra vägen till korset. Men han sa det också till oss. Det var inte ett förslag, inte heller en vädjan om att visa kärlek – det var ett bud han gav oss.

Det var lärjungen Johannes som skrev ned de här orden. Han hörde Jesus själv uttala dem och uppfattade hur Jesus la särskild tonvikt vi ordet "mitt": "Detta är mitt bud." När vi läser hans text på grekiska, så syns denna betoning på ett sätt som vår översättning inte riktigt gör rättvisa. Vem annan än Jesus har rätt att ge oss ett sådant bud? Han vars kärlek till oss drev honom ända till korset.

Jag kan erkänna att jag protesterar en aning inför att kärleken kan befallas fram – "Detta är mitt bud ..." – men när det kopplas så intimt ihop med honom som gav det till oss är jag inte bara beredd att acceptera det, då känner jag att det är det enda rätta förhållningssättet jag kan ha till mina troende bröder och systrar. Och jag sörjer över att jag ofta brister i min kärlek, liksom jag sörjer över de murar vi byggt mellan oss i Kristus kyrka.

En av den svenska folkväckelsens profiler på 1800-talet, Paul Peter Waldenström, kommenterar Jesus bud så här:

Derigenom att de troende älska hvarandra, är det alltså de skola förblifva i hans kärlek och ega hans glädje. I samma mån som kärleken mellan dem slocknar, blifva de otillgängliga för hans kärlek och mista hans glädje. Och tvärtom: i samma mån som deras inbördes kärlek växer, i samma mån få de ock mer erfara hans kärlek och smaka hans glädje. Hans kärlek är den djupaste grunden till deras kärlek, men den tillströmmar dem ju mer och mer i samma mån, som deras kärlek växer.[36]

Enligt Waldenström är alltså den unika glädjen och kärleken i den kristna tron beroende av i vilken mån vi lever efter Jesus bud om att älska varandra. Visst ger detta ett nytt perspektiv på den kristna gemenskapens djupa betydelse och en ny innebörd åt församlingen som en Guds familj!

4. Kristus brud är ännu en beskrivning av församlingen som Nya testamentet ger oss. Lärjungen Johannes var inte bara med den gången när Jesus och lärjungarna firade påskhögtiden i Jerusalem kvällen före Jesus korsfästelse. Han befann sig långt senare, som en gammal man, på ön Patmos, som var ett ställe dit personer förvisades som var obekväma för myndigheterna. Där, på denna ogästvänliga plats, fick han i en vision från Gud se in i evighetens värld efter tidens slut. Bland annat fick han se hur det dukades till bröllop i den himmelska festsalen. Bruden var församlingen och brudgummen Kristus (Uppenbarelseboken 19:7-9, 21:2).

Jag tänker inte ens försöka göra en tolkning av vad denna sköna bild av den kristna kyrkans framtid betyder, för det kan jag inte. Men ett är säkert, den talar om den djupast tänkbara gemenskap mellan Jesus och hans församling.

Där, i evighetens värld, är den föreningen fullbordad. Det är där bröllopet står. Men att vi är på väg dit finns det flera antydningar om i Bibeln för övrigt. Höga Visan kan ses som en gammaltestamentlig profetisk beskrivning av denna intima relation mellan Gud och hans folk. Jesus talar vid ett par tillfällen om sig själv som brudgummen som väntar på sin brud (Markusevangeliet 2:19, Matteusevangeliet 25:1-13). Paulus skriver i ett av sina brev till församlingen i Korinth: "Jag har trolovat er med en enda man, Kristus" (2 Korintierbrevet 11:2).

Församlingen på jorden är inte bara inbjuden till Lammets bröllopsmåltid. Församlingen är bruden.

Ett tempel, en kropp, en familj, en brud ... Bibeln ger oss alltså en rad olika benämningar på den kristna församlingen för att förklara vad den är till sitt väsen. Den bild av Guds kyrka i världen som Bibeln målar för oss är en vacker, uttrycksfull och i högsta grad levande bild. Men den är inte menad att vara ett konstverk som vi ska beskåda och beundra. Den är en beskrivning av en verklighet som vi är kallade att leva i. Ett heligt tempel, Kristus kropp, Guds familj och Kristus brud – det är vad kyrkan är!

Det finns också andra uttryck i Bibeln, som förstärker bilden av vad Gud menat att hans församling ska vara: Guds folk, ett heligt prästerskap, en hjord ledd av samme herde, en Guds byggnad med flera.

Vilka slutsatser drar vi idag av Bibelns beskrivning av kyrkan? I nästa kapitel ska jag göra ett försök att tolka den bild som Bibeln ger och berätta vad jag tror att den har att säga oss i vår egen tid, både på ett andligt och på ett praktiskt och strukturellt plan. Kanske kommer jag då att uppfattas som kritisk och dömande när jag jämför den bibliska förebilden med hur kyrkan ser ut idag. Men jag har ingen rätt att döma och min avsikt är inte att kritisera. Det finns så mycket gott i våra kyrkor idag, så mycket trohet, kärlek och sann längtan efter att ära Gud och lyda honom. Jag har åtskilliga högtidsstunder att blicka tillbaka på i gemenskapen med mina trossyskon och jag har fått så mycket glädje, uppmuntran och hjälp att växa i min tro, så det vore mig fjärran att sätta mig till doms över andra. Hur skulle jag kunna annat än att älska dem som ger sig ut i arbetet för Guds rike i kärlek till Jesus? Även om de i vissa frågor ser och tänker på ett annat sätt än jag, måste jag – och vill jag – högakta och älska dem i Kristus.

Men vad jag önskar är att vi tillsammans ska låta Guds ord leda oss till en ännu djupare förståelse av hans vilja med våra liv och vår gemenskap.

12

VAR GÅR GRÄNSEN?

Världen har ännu kvar att se vad Anden kan göra genom kyrkan för att etablera Guds rike på jorden.
Howard A Snyder[37]

Äntligen! Vi har kommit ut ur tunneln, ut i ljuset. Så känns det i alla fall när jag skriver de här raderna. Vågar vi hoppas på att den två år långa pandemin nu ligger bakom oss? Restriktionerna har släppts och vi kan återigen röra oss fritt, gå till skola och jobb, resa kommunalt och shoppa i köpcentra utan att riskera att bli smittade av denna elaking till Covidvirus Kanske vi inte vågar andas ut riktigt än, men situationen är ändå så mycket bättre än för bara ett par månader sedan.

Den påtvingade isoleringen har varit lika jobbig som

onaturlig. Vi är inte skapade för att tvingas hålla avstånd, vi är sociala varelser, eller flockdjur som en del benämner den mänskliga rasen.

Hade det inte varit för kriget i Ukraina och krisen för klimatet hade man kunnat ana en nyfödd vår för vår värld.

En sak har vi lärt oss under dessa två år med pandemi: gemenskapen med andra är ett djupt mänskligt behov. Isoleringen har orsakat mycket lidande. Och vi, kyrkfolket, har kanske fått en större förståelse för den kristna gemenskapens betydelse. En sann och sund kristendom har inte avstånd till varandra som normalläge.

Tänk om vi kunde upptäcka det i en vidare och djupare mening: i den mening som öppnas för oss i Nya testamentets bild av församlingen.

Kristus kropp kan inte fungera om de olika delarna i kroppen isoleras från varandra.

Guds tempel kan inte byggas om de levande stenarna, alltså vi själva, placeras med avstånd till de andra.

Guds familj är ingen verklig familj om syskonen inte håller ihop.

Uttrycket Kristus brud blir helt meningslöst om den trolovade, församlingen, är splittrad.

"När Nya testamentet talar om församlingen sker det i bilder och begrepp som tydligt anger att de enskilda kristna är sammanvuxna med varandra både på ett andligt, organiskt och praktiskt sätt", skriver Sven Nilsson.[38] Om vi ska ta Bibelns undervisning om vad församlingen är på allvar får

102

det konsekvenser för hur den kristna gemenskapen tar sig uttryck. Det är det jag vill försöka visa i det här kapitlet.

Men först vill jag göra en personlig vinkling på den frikyrkliga församlingsmodell vi har idag. Jag är som sagt själv ett barn av denna frikyrklighet, ända från mina första levnadsår. Men jag är också ett barnbarnsbarn (om man nu kan säga så) av den stora folkväckelsen på 1800-talet som födde fram frikyrkorna i vårt land. Min farmors föräldrar stod i frontlinjen i den väckelsevåg som svepte fram genom byarna runt Siljan i Dalarna. Så därför har jag, genom mina släktband bakåt, ett naturligt engagemang för det mäktiga verk som Gud gjorde i vårt land då. Stora skaror av människor kom till tro. Hela vår nation lyftes ur dryckenskap, fattigdom och social misär. Bönhus byggdes i rasande takt och även i hemmen samlades man till bibelsamtal och nattvardsfirande. Hela samhällen förändrades i positiv riktning.

Men efter årtionden av starka väckelsevindar började olika riktningar av rörelsen formera sig och markera avstånd till varandra. Trots att Bibeln hade en viktig roll för väckelsens folk – "Var står det skrivet" var den ständiga frågan när man möttes – så tycktes man blunda för den tydliga varning som Nya testamentet upprepar gång på gång: låt inte olika läromeningar söndra gemenskapen av troende! Men det var just det som hände. Olika frikyrkosamfund organiserades med olika betoningar i den kristna läran, och de troende gick åt skilda håll.

Det var verkligen ett mäktigt och underbart skeende bland den svenska allmogen när väckelsen drog fram. Och vi har mycket att tacka Gud för när han lät sin kärlek och nåd plöja djupa fåror i den svenska folksjälen. Men väckelsen nådde inte ända fram. Starka frikyrkor fortsatte att föra väckelse-arvet vidare till kommande generationer. Men väckelsefolket var splittrat och den andliga förnyelsen ledde inte till den enhet som är Guds vilja för sitt folk.

Ända fram till 1970-talets förnyelserörelse i den svenska kristenheten tycktes gränserna som drogs upp under folkväckelsens slutskede vara ganska intakta och väldigt tydliga. Och den enhetsväckelse som 1972 överraskade hela kristenheten under det stora kristna riksmötet i Göteborg, G72, blev också den en kortlivad historia. Redan i nästa riksmöte som hölls i Västerås 1977 backade man tillbaka till de uppkörda samfundsfårorna.

Ett uttryck för det var boken *Parakyrkligt: om business och bön i Sverige*, där pastor Fred Nilsson presenterade en kartläggning av hundratals organisationer vid sidan av de kristna kyrkorna.[39] Den kom 1988 och visade ett klart ifrågasättande av all kristen verksamhet som inte var förankrad i de traditionella samfunden.

Jag minns Fred Nilssons besök på Restenäs. Vi bodde då fortfarande kvar där och arbetade för Ungdom Med Uppgift, som var en av de organisationer som Fred Nilsson undersökte. Jag blev själv citerad i boken när han kritiserade den undervisning som bedrevs på UMU:s lärjungaskolor.

Nu tycks det inte som att Fred Nilssons bok fick något avgörande genomslag, men den var ändå ett tecken i tiden, och av och till har kritiska röster mot allt som sker utanför den etablerade kyrkan hänvisat till just den boken.

Men de krafter som värnade om samfundskyrkorna kunde inte helt sopa igen spåren efter 1970-talets enhetsväckelse och den karismatiska förnyelsen, som inte minst Jesusfolket banade väg för. Många böcker skrevs och bibelveckor och konferenser arrangerades där Bibelns undervisning om den kristna församlingens gemenskap och väsen lyftes fram. Så när jag i det här kapitlet försöker tolka den bild som jag ser i Nya testamentet så är det inga nya djärva grepp jag kommer med. Jag har inspirerats och lärt mig av män och kvinnor som jag högaktar för deras bibelförankrade och sunda undervisning och den närhet till Gud som deras liv visar prov på. Jag har redan nämnt Sven Nilsson. Andra som haft avgörande inverkan på mig är exempelvis Watchman Nee, Vilhelm Bergling, Ola Eklöf, Howard Snyder, Kjell Sjöberg och Magnus Malm.

Så jag är inte ensam om de tankar jag har om vad kyrkan är och vad Gud vill med den församling vi säger är hans församling.

Samfunden tycks ha en självklar position i det västerländska tänkandet kring hur vår tids kyrka ska se ut. För mig känns det inte alls självklart, eftersom jag inte kan se att det finns något stöd för det i Bibeln. Om nu Bibelns lära och undervisning sägs vara rättesnöret för varje enskild kristen och för hela den kristna kyrkan känns det märkligt att samfundstänkandet är så etablerat i kristenheten.

Visst strävar man i varje samfundsförsamling efter att vara en sann biblisk församling, och man har Bibeln som grund både för förkunnelsen och verksamheten. Men samfundsindelningen är ett faktum som ingen – eller bara ett fåtal – verkar ifrågasätta, trots att Bibeln tydligt har den lokala orten som enda tillåtna gränsdragning för de troendes gemenskap och tillhörighet.

Varför är inte detta ett problem för många av oss? Ett svar (bland säkerligen flera) kan vara att förkunnelsen i våra kyrkor nästan alltid riktar sig till individen och den personliga relationen till Jesus men mera sällan handlar om den gemensamma tillhörigheten till varandra som ett folk. Betoningen ligger på försoningen med Gud. Men försoningen med varandra, och vad den får för praktiska följder, står mer i skuggan från predikstolen.

Det är självklart inget fel i att förkunnelsen har ett personligt tilltal. Evangeliet handlar ju om en kallelse till den enskilda människan att vända om och ta emot Guds erbjudande om frälsning. Och det uppmanar den enskilde troende att arbeta på sin frälsning, att leva ett sant och värdigt liv i Jesu efterföljd. Det är ju hur viktigt och hur bibliskt som helst.

Men det finns ett perspektiv i Bibelns undervisning som är lika angeläget att lyfta fram i förkunnelsen, nämligen den sanningen att Gud har ett folk i världen, som han utvalt för att bära hans namn och som han gett kallelsen att, genom sin gemenskap, bära försoningens budskap ut i världen, att tillbe Gud och ge honom ära.

Men försoningen har två riktningar, precis som korset, försoningens symbol: den vertikala, mellan Gud och människa, och den horisontella, mellan oss som av nåd är försonade med Gud.

Individen har ett personligt ansvar för sitt liv inför Gud. Men det kristna livet levs i gemenskap. Tillhörigheten till ett folk som Gud utvalt är väldigt centralt i den Bibelns värld.

I sitt första brev skriver aposteln Petrus att vi som individer "kommer till honom, den levande stenen" (kapitel 2:4). Vi gör alltså ett personligt ställningstagande till Jesus Kristus. Men följden blir, fortsätter Petrus, att vi själva blir "levande byggnadsstenar i ett andligt husbygge" (kapitel 2:5). Lite längre fram i samma kapitel skriver han:

Ni är "ett utvalt släkte, ett kungligt prästerskap, ett heligt folk, Guds eget folk, som ska förkunna hans storverk" ... Ni som förut inte var ett folk får nu vara Guds eget folk. (Första Petrusbrevet 2:9-10)

Så skriver alltså den man som en gång fick höra sin mästare utbrista: "Jag säger dig att du är Petrus, och på den klippan ska jag bygga min församling" (Matteusevangeliet 16:18). Det tempelbygget är avgörande för Guds avsikter i den här världen. Därför får det ett sådant stort utrymme i den bibliska framställningen.

Jag tror att om detta fick större utrymme också i kristenhetens medvetande skulle sanningen om församlingens identitet som Guds folk leda oss in i en ny biblisk verklighet som kyrka.

För, handen på hjärtat, var finns den bibliska grunden för samfundstanken? Gud vill enhet för sitt folk, inte en uppdelning kring traditioner och läromeningar. Jesus bad att vi ska bli ett, "såsom du, Fader, är i mig och jag i dig" (Johannesevangeliet 17:21). En sådan enhet ger inget utrymme för avståndstaganden! Både i Apostlagärningarna och de nytestamentliga breven, liksom i Uppenbarelsebokens tre första kapitel, är det en självklarhet att de troende som bor på samma ort utgör en enda församling. När Paulus i inledningen till sina brev hälsar församlingen han skriver till, låter det så här: "Till Guds församling i Korinth", "Till de heliga i Efesos", "Till de heliga, våra syskon i tron på Kristus i Kolossai" och så vidare. Han skickar bara ett brev till dessa platser, för det finns bara en församling på orten. Likadant är det när sändebreven i Uppenbarelseboken adresseras: "Skriv till budbäraren för församlingen i Efesos" och så vidare.

Så enheten – den gemenskap mellan kristna som utesluter andra gränsdragningar än de rent geografiska (man bor på olika orter) – tycks vara en grundprincip i Bibelns församlingsstruktur.

Därför tror jag att Magnus Malm träffar rätt när han skriver: "Samfundssplittringen kan aldrig reduceras till en ekumenisk fråga i experternas utmarker – det är en skandal som fräter på kyrkans hjärta."[40]

Det här är något som jag länge burit inom mig. Jag tror att Gud sörjer över att vi drar upp gränser mellan oss i samfunden som han inte tillåter i sitt ord, och att han bara väntar på att få besvara sin sons bön den där natten innan han gav sitt liv för den här världen. Det är som att en liten droppe av hans sorg och längtan har letat sig in i mitt eget hjärta. I flera böcker, och även i förkunnelse och undervisning, har jag försökt visa på allvaret i vår splittring. Och under min första tid som journalist på tidningen Hemmets Vän skrev jag flera artiklar om den nytestamentliga församlingen som en förebild för kyrkan idag.

Jag har ingen lösning att föreslå för hur vi ska nå dit, men jag önskar att vi ska börja samtala om vad Bibeln faktiskt säger till oss – och framför allt att vi börjar be som Jesus bad, att Gud ska förena oss så att vi kan bli det som Bibeln säger att vi är: Kristus kropp, Andens tempel, Guds familj. Där kan inga murar finnas som skiljer oss åt.

Men bara Gud kan göra detta verk. Om vi tillåter honom.

På sensommaren 2019 tog jag mod till mig och skrev en debattartikel till den kristna rikstidningen Dagen, där jag efterlyste just en sådan omvändelse. Jag hade väl inte så stor tro på att den skulle publiceras, så när Dagens debattredaktör ringde och sa att man beslutat ta in min artikel reagerade jag först med förvåning (det var ju ändå lite kontroversiellt, och jag är en rött okänd figur i frikyrkovärlden), sedan med glädje (äntligen skulle de lyssna!), därefter med oro (vilka reaktioner skulle jag möta?). Men efteråt kände jag mest besvikelse. Artikeln hade fått rubriken "Obibliskt med samfund".[41] Och även om man kanske inte kunnat förvänta sig så många positiva reaktioner eftersom samfunden är så fast rotade i kyrkligheten, så borde väl artikeln ha gett upphov till invändningar och försvar för den bestående ordningen. Men bara ett enda telefonsamtal (ett positivt sådant) fick jag ta emot. Det blev heller inga kommentarer eller debatt i tidningen.

Jag tyckte att det var förvånande, eller till och med lite skrämmande, att ingen kyrklig ledare reagerade när någon ifrågasatte samfundens bibliska giltighet. Hur ska jag tolka det? Någon borde väl i alla fall ha tagit mig i örat och fått mig att förstå att jag hade fel. Men nu lämnade de mig kvar i min "villolära" utan åtgärd …

Men för mig är och förblir frågan om enhet avgörande om vi ska leva upp till vad Bibeln lär om församlingen och om vi ska kunna vara den kyrka som vänder upp och ned på världen.

Det går helt enkelt inte att skriva en sådan här bok utan att ge kristen enhet en central plats i Den stora berättelsen.

Den kyrka som vänder upp och ned på världen kan i ett par korta satser beskrivas så här:

1. Det finns bara en församling, och den består av alla som tror på Jesus Kristus och bekänner hans namn.
2. Alla de som bekänner denna tro och bor på samma ort utgör församlingen på den orten.

Men då anmäler sig förstås genast den knepiga frågan hur en enda församling på en ort med många troende kan fungera praktiskt, på ett vardagligt plan.

Bibeln har ett riktigt bra svar på den frågan: "Varje dag möttes de i templet, och i hemmen samlades de för att bryta bröd och äta tillsammans i glädje och uppriktig hjärtlighet" (Apostlagärningarna 2:46).

Templet i Jerusalem var en naturlig träffpunkt för de Jesustroende under den första tiden. Jesus hade ofta sökt sig dit för att undervisa folket, och för dem som judar var ju templet en viktig plats för bön och tillbedjan. Så den sedvänjan levde kvar i församlingen under den allra första tiden efter Jesus himmelsfärd.

Men från allra första början var också hemmen en naturlig plats för deras möten, och denna nya sedvänja levde kvar när inte templet längre var lika självklar som mötesplats (kanske kom brytpunkten när motståndet från myndigheterna tilltog). Också när den kristna kyrkan spreds runtom i det romerska imperiet fortsatte man att samlas i hemmen, i alla fall under kyrkohistoriens två första århundraden (det var inte förrän runt år 300 e Kr som den första kyrkobyggnaden uppfördes).

Med andra ord: under den tid då församlingen växte från ett hundratal Jesustroende (Apostlagärningarna 1:15) till att utgöra omkring 15 procent av hela romarrikets befolkning var det i huvudsak hemmen som var platsen för Jesusfolkets gemenskap, bön och gudstjänstfirande.

Den kristna kyrkans första historiebok, Apostlagärningarna, hänvisar gång på gång till "hemma i husen" som den plats där de troende samlades. I Paulus brev ser man samma sak. Han hälsar ofta till "församlingen som möts i deras /hans/ditt hus" (Romarbrevet 16:5, Första Korintierbrevet 16:19, Kolosserbrevet 4:15, Filemon, vers 2).

Den lilla gemenskapen i husförsamlingen är alltså ett bibliskt mönster för de kristnas gemenskap på ett vardagsnära plan på varje plats. Här träffas man regelbundet i hemmen för samtal, bön, gemenskap och nattvardsfirande. Dessa små grupper av kristna blir ett nätverk i den stora ortsförsamlingen, ett nätverk som leds och hålls samman av det lokala ledarskapet. De mindre grupperna kommer tillsammans i återkommande stora samlingar för gemensam tillbedjan av den Gud man tillhör och tjänar.

Denna genuint bibliska modell för församlingens liv målar bilden av församlingen som Kristus kropp och som Guds familj. Den stora berättelsen transformeras ned på det lilla planet, där den lilla människan får ta plats, där Guds barn lever med sina syskon, praktiskt och nära, i jämställdhet och likvärdighet, betjänar varandra och tar del i varandras liv. Och Guds närvaro blir tydlig.

Ingemar Helmner beskriver husförsamlingen på ett både vackert och konstruktivt sätt:

> Kanske vi ska bygga församlingen underifrån på ett mer genomtänkt sätt istället för att satsa så stort på murbruk och tegel? Den lilla husförsamlingen är en underbar modell. Där tränas lärjungar. Där kommer en efter en i funktion. Där finns omsorgen och växtkraften. Sedan kanske det finns bra skolaulor att hyra för söndagens stora gudstjänst?

Det här skrev han i tidningen Hemmets Vän i ett läge när coronapandemin var på väg att släppa sitt grepp över delar av världen. Ett kvarts sekel tidigare hade Magnus Malm i sin bok I Lammets tecken satt fingret på en slags Gudsrikets pedagogik när han skriver så här:

> Allt som sagts om förpliktelse och öppenhet förutsätter någon form av liten grupp för att alls vara meningsfullt. Nya testamentet säger inte i klartext att församlingen måste bygga på smågrupper, men dess anvisningar för församlingsliv blir i praktiken obegripliga utan någon form av smågrupper med nära personliga relationer.[42]

Så tar han några exempel från de nytestamentliga brevförfattarna som gör det som han just sagt väldigt tydligt: "Gläd er med dem som gläder sig och gråt med dem som gråter ... Bär varandras bördor ... Låt Kristi ord bo hos er i hela sin rikedom och med all sin vishet. Lär och vägled varandra, med psalmer, hymner och andlig sång … Därför skall ni trösta och bygga upp varandra, som ni ju också gör. Bekänn därför era synder för varandra, och be för varandra att ni skall bli botade …" (Romarbrevet 12:15, Galaterbrevet 6:2, Kolosserbrevet 3:16, Första Tessalonikerbrevet 5:11, Jakobs brev 5:16; Bibel 2000).

Magnus Malm tillägger: "Precis som när Jesus satt i en gräsbacke i kretsen av sina vänner för att be och samtala med dem, sker lärjungaformandet på djupet fortfarande bäst i den lilla gruppen."[43]

I mönsterbilden för den bibliska församlingen ser vi ett kollektivt **ledarskap**. Här finns inget utrymme för enmansrace. Ett team av församlingsledare – pastorer (herdar), äldste och diakoner – leder gemensamt församlingen till mognad i tro och tjänst. Ansvaret för församlingens uppdrag vilar alltså inte enbart på ledarnas axlar, men dessa vägleder, uppmuntrar och utrustar de troende till helig tjänst i Guds rike. Och de har en andlig översyn över nätverket av husförsamlingar.

Paulus, som var församlingsbyggaren framför andra under kristendomens första tid, ger oss en tydlig modell för samspelet mellan de troende och de ledare som Jesus – som ju är huvudet för församlingskroppen – insatt i församlingen och som dess medlemmar erkänt och tagit emot som gåvor till församlingen:

Han (Jesus) gjorde några till apostlar, andra till profeter, evangelister, pastorer och lärare. De ska utrusta de heliga för deras tjänst att bygga upp Kristus kropp, tills vi alla ska vara eniga i tron och i kunskapen om Guds Son, så att vi blir fullvuxna och mogna i likhet med Kristus fullhet (Efesierbrevet 4:11-13).

Det är på det sättet som församlingen blir ett tempel, en kropp, en familj, där Gud själv är närvarande och verksam i den här världen.

Det är så Den stora berättelsen skrivs!

13

TVÅ TUSEN ÅR SENARE

Så mycket säkrare står nu det profetiska budskapet för oss, och ni gör väl om ni håller er till det, som till ett ljus som lyser på en mörk plats.
APOSTELN PETRUS[44]

I de två senaste kapitlen är det alltså Kyrkan som stått i fokus – precis som den står i fokus i Guds stora berättelse. Det handlar faktiskt om Guds närvaro i vår värld. Han bor i sitt heliga tempel. Och "det är ni som är det templet", säger Paulus till församlingen i Korinth. Det är precis lika sant för de Jesustroende på varje ort i det postmoderna Sverige på tvåtusentalet.

Men när började det – det här med Kyrkan? Och hur började det?

Det började med en liten grupp män, elva stycken, som en dag, strax utanför Jerusalem, stod och tittade upp mot himlen, som om avskedet av mästaren som just lämnat dem efter tre omtumlande och fantastiska år inte var definitivt. Eller som om de skulle kunna hålla kvar honom med sina blickar. Först när två vitklädda män plötsligt dök upp i deras sällskap bröts förtrollningen. Jovisst, sa de båda vitklädda männen (som måste ha varit änglar), "denne Jesus som har tagits upp från er till himlen ska komma tillbaka". Men inte än. Ni har ett uppdrag att utföra först.[45]

De där båda sista meningarna kanske de inte sa, men jag tänker mig att det var underförstått. För alldeles innan Jesus lämnade dem hade han sagt så här till dem: "När den helige Anden kommer över er ska ni få kraft och ni ska vittna om mig, både i Jerusalem, i Judéen, i Samarien och över hela jorden" (Apostlagärningarna 1:8).

Det blev hans avskedsord till dem. Det var det sista han sa. Och sen fortsätter berättelsen med att de elva männen gick tillbaka in i staden, Jerusalem, startpunkten för deras uppdrag.

Varför är det viktigt att peka just på den här tidpunkten i Den stora berättelsen? Jo, därför att det som hände – just där i startpunkten för Kyrkans historia – är så avgörande för det som händer två tusen år senare.

Ögonblicket när Jesus lämnade sina lärjungar för att, som

Bibeln uttrycker det, sätta sig på Guds högra sida i himlen (Markusevangeliet 16:19), alltså inta sin plats som Kungars kung på tronen i sitt rike, är det ögonblick då en ny tidsålder tar vid: församlingens tidsålder. Jesus hade avslutat det uppdrag som Fadern gett honom (se Johannesevangeliet 17:4). Han hade i allt fullgjort vad Gud sagt, och hans tid på jorden i mänsklig gestalt var över. Nu skulle hans lärjungar, som han förberett under tre år, ta vid.

Vilket blev deras uppdrag? "Ni ska vittna om mig … över hela jorden". I Matteus version av uppdraget står det: "Gå därför ut till alla folk och gör dem till mina lärjungar" (Matteusevangeliet 28:19).

Berätta om Jesus! Gör människor till lärjungar! Det var allt. Men skulle de inte bygga församlingar också? Nej. Det skulle Jesus själv göra (se Matteusevangeliet 16:18), genom att han nu, efter att ha lämnat sin jordiska gestalt, skulle vara med sina lärjungar i en ny, andlig närvaro, "ända till tidsålderns slut" (Matteusevangeliet 28:20).

Vi behöver bara vända blad i Apostlagärningarna från första till andra kapitlet för att se att precis så här blev det. "När den helige Anden kommer ska ni vittna om mig", var det sista Jesus sa till lärjungarna. Pingstdagen kom, bara några dagar senare, Anden kom över dem, och de gjorde … vadå? Vittnade om Jesus. Och människor kom till tro.

Detta blev Kyrkans födelsedag. Kungars kung på tronen på Guds högra sida byggde sin församling i världen!

Resten av Apostlagärningarna, kyrkans första historiebok, visar att församlingsbygget fortsatte överallt i den då kända världen. Inte genom att de troende höll överläggningar om hur gemenskapen skulle formas, hur verksamheten skulle organiseras, hur gudstjänstfirandet skulle planeras och missionsarbetet utformas. I stället läser vi om hur Anden tog initiativ: till effektiv bön, till fruktbärande evangelisation och till goda ordningar. De troende följde i lydnad för Anden. Därför ser vi hur det går som en triumfens röda tråd rakt genom Apostlagärningarna: "Varje dag lät Herren deras grupp växa, genom att fler och fler blev räddade" (vers 2:47, jfr 5:14; 6:1, 7; 14:1; 16:5; 19:20). Han byggde sin församling!

Jesus sände lärjungarna ut i världen med ett uppdrag: Vittna om mig, gör alla folk till mina lärjungar. Idag står det uppdraget skrivet över oss. Vi är sända av vår Herre, med samma uppdrag som de första kristna.

En januarisöndag det här året följde jag en gudstjänst på Youtube från en av de största frikyrkorna i vår stad. En av församlingens medlemmar stod i predikstolen den här söndagen. I sin predikan sa han något som överraskade mig en aning, samtidigt som jag tog det till mig med tacksamhet. "Församlingen har inte en mission, det är Guds mission som har en församling." Han sa det efter att ha förklarat att ordet mission är det latinska ordet för sändning. Och det är Gud som sänder, poängterade han. Så missionen är Guds, och församlingen är Guds redskap för hans kärlek.

För mig är Apostlagärningarna en enda lång bekräftelse på denna sanning.

En sak till måste sägas. Det som hände på pingstdagen i Jerusalem, vid kyrkohistoriens startpunkt, var ett språkligt under, iscensatt av den helige Ande. Lärjungarna började plötslig tala på en mängd olika språk, och alla tusentals människor, pilgrimer från jordens alla hörn som hade samlats utanför huset, hörde sitt eget språk talas av dessa galiléer, olärda män ur folket. Åhörarna blev förbluffade, förvirrade, och undra på det!

Vad var det som hände? Kanske var det några av dessa fromma judiska pilgrimer som tänkte på den dramatiska händelsen i Första Moseboken, som de naturligtvis kände väl till, där de människor som då befolkade jorden byggde en stad och ett högt torn för att visa sitt oberoende av Gud. Tornet skulle nå upp till himlen, var målet med bygget. Men himlen svarade på deras tilltag. Och plötsligt upptäckte de att de inte längre kunde förstå varandra – deras gemensamma språk splittrades i en mängd olika språk. Och så splittrades folket och spreds ut över jorden.

Det som nu hände, det som Lukas berättar om i Apostlagärningarna, var att språkförbistringen i Babel upphävdes, om än tillfälligt. Jesusfolket började tala så att alla förstod. Precis som i Babel blev det förvirring också i Jerusalem. Men för lärjungarna var det ett profetiskt mirakel, de fick tala enhet till folket med ord som överbryggade motsättningar och överbevisade om Herrens stora makt, han som nu satt på sin makts tron på Guds högra sida. De fick tala enhet till världen!

Det är så Gud vill tala till världen genom sin församling också i vår generation. När församlingen vittnar om Jesus, driven av den helige Ande och med Andens språk, måste den, för trovärdighetens skull, förkroppsliga denna enhet. Det var ju precis detta som Jesus bad om när han bad Fadern om att vi skulle bli ett. "DÅ SKA VÄRLDEN FÖRSTÅ att du har sänt mig och att du älskar dem som du har älskat mig" (Johannesevangeliet 17:21-23).

När jag var åtta år gammal blev Dag Hammarskiöld vald till FN:s generalsekreterare. Åtta år senare dog han mitt under ett medlaruppdrag i Kongo. Det flygplan han färdades i störtade, och undersökningar har visat att det förmodligen var ett attentat – nästan på dagen 40 år innan 11 september-attackerna i New York 2001. Efter hans död fann man i hans bostad ett manuskript med titeln *Vägmärken*, och i ett brev hade han skrivit att anteckningarna var "en sorts vitbok rörande mina förhandlingar med mig själv och Gud".[46]

Ett citat ur boken har blivit särskilt berömt: "Gråt om du kan, men klaga inte. Vägen valde dig och du skall tacka." [47]

De orden har blivit citerade många gånger, och nu gör jag det också. På något sätt känns det som att de riktas till mig.

När jag ser storheten, skönheten och härligheten i den

bild av församlingen som Bibeln målar känner jag förundran och begeistring. Jag har ibland sett den bilden tona fram inför mina ögon i vår egen tids församlingsliv. Men jag gråter när jag ser att vi, som kyrka i västvärlden i sin helhet, har underlåtit att gå den väg som Gud visat oss i sitt ord. Visst, jag har klagat ibland, och det är inget jag är stolt över. Men gråten finns där inom mig mest hela tiden – gråten över att varken jag eller den kyrka jag tillhör har böjt oss i lydnad för Guds ord.

Vad har en tvåtusenårig kyrkohistoria gjort med kyrkan? Vad har det moderna samhället gjort med Den stora berättelsen?

Det är frågor som bränner till. Efter det jag skrivit i de föregående kapitlen måste man också få ställa frågan: Är Bibelns församlingssyn något som vi till varje pris bör eftersträva också idag, eller var det bara något som gällde för den första tidens församling? Är det verkligen hållbart att låta urkyrkans tid sätta mallen för alla tider?

Frågan är berättigad, jag har själv ställt den många gånger. Vi lever ju trots allt i en helt annan tid, i en värld som på många sätt ser totalt annorlunda ut än den som våra första trossyskon levde i.

Ett är säkert: den bild av församlingen som Bibeln låter oss se är på många sätt annorlunda än den vi ser idag. Kanske inte när det gäller förkunnelsen om Jesus eller uppdraget att göra evangeliet känt i hela världen. Där går knappast åsikterna isär. Men när Bibeln lär …

att alla troende på samma ort tillhör den enda församlingen på orten – att ingen annan gräns kan dras mellan Guds barn är den geografiska gränsen,

att var och en som tror på Jesus tillhör församlingen på orten utan att behöva ansöka om medlemskap, men bara därför att han eller hon genom sin tro är född av Gud och är ett Guds barn och därför tillhör hans familj, lika självklart som ett nyfött barn inte behöver söka medlemskap i sin familj,

att små grupper, husförsamlingar, är det naturliga och praktiska uttrycket för församlingens gemenskap och tjänst,

att de som genom Guds Ande är insatta som ledare i församlingen inte är chefer utan tjänare och utför sin tjänst i ett pluralt ledarskap,

… då skiljer sig vår tids kyrka från kyrkan på Bibelns tid.

Det är så det är. Och frågan är alltså om den skillnaden är naturlig och något som vi bara ska acceptera. Två tusen års kyrkohistoria måste väl ändå sätta sina spår och förändra ramen för de kristnas gemenskap? Och mänsklighetens enorma framsteg, som under dessa två årtusenden ändrat människors vardag radikalt jämfört med Bibelns tid, måste väl också rimligtvis göra förutsättningarna för kyrkan helt annorlunda?

Ja. På många sätt. Men på de punkter jag i föregående kapitel beskrivit som den kristna församlingens innersta väsen går det inte att göra avsteg från den bibliska förebilden.

Det är ju just kyrkans identitet, dess uppdrag och dess trovärdighet det handlar om, vilket ju måste få konsekvenser för dess synliga uttryck. Och då kan inte något annat än Guds eget ord vara rättesnöret.

Därför menar jag att de "ritningar för tempelbygget" Gud gett oss i sitt ord är avgörande om vi ska vara Guds kyrka i världen idag, precis som de var för våra första trossyskon. Bilden av Kristus kropp måste få en konkret betydelse för de troendes gemenskap och enhet idag precis som vi ser att den hade för de första kristna. Och de andliga principerna för församlingens ledarskap som var vägledande för Bibelns kyrka måste vara desamma idag.

Så måste det vara därför att församlingen är något annat än en ideell förening. Den är helig, eftersom den är skapad av en helig Gud och är hans folk. Den har sin identitet i den gemenskap som har Guds kärlek som mått. Dess verksamhet har som utgångspunkt det försoningsverk som Jesus utförde. Dess målsättning är att upphöja och ära himmelens Gud.

Var hittar vi då vår förebild om inte på Bibelns blad? Den församlingssyn som vi möter där är mer än relevant – den är nödvändig om evangeliets trovärdighet och framgång ska kunna behållas.

Jag vet: det finns fler frågor att ställa. Till exempel denna: Om det nu är så att Bibelns riktlinjer för kyrkan är viktiga för oss idag, hur ska vi då se på alla andra bud och föreskrifter som också står där, men som vi inte gärna kan ta till oss idag? Hur är det till exempel med Paulus förbud för kvinnan att tala i församlingen? Eller att hon måste täcka sitt huvud när hon ber, eller att hon måste ha långt hår? Eller att Bibeln inte tar itu med slaveriet? Och så vidare.

Hur går det med vår trovärdighet när vi säger att det finns sanningar i Guds ord som är avgörande för oss och som vi inte kan kompromissa med, samtidigt som vi tar lätt på andra ting som också står där?

Vi kan exempelvis inte avfärda de bud Jesus gett sina lärjungar som om de vore något som inte gäller oss. Då förnekar vi vår tro, som ju bygger på det Jesus sagt. Då är vi som den där dåraktiga husbyggaren Jesus talade om som byggde sitt hus direkt på sanden, utan någon grund. Han hade hört Jesus ord men lät inte sitt liv påverkas av det. Och allt rasade samman. (Matteusevangeliet 7:26-27).

I den här boken – Den stora berättelsen – säger jag samma sak: det är "dårskap" för oss idag att inte följa de föreskrifter som Guds ord ger.

Okej. Men hur gör vi då med orden om att kvinnan ska tiga i församlingen och andra föreskrifter som Paulus ger som vi inte gärna kan relatera till? Martin Luther gjorde det enkelt för sig när han läste sin bibel och stötte på sådant som han inte förstod: "Då lyfter jag på hatten och går vidare." Kan vi handskas lika lättvindigt med de ord som känns obekväma för oss och ändå låta Bibeln stå för sanningen i vår tid?

Vad är det alltså som avgör vad som är absoluta sanningar och vad vi inte behöver ta så allvarligt på?

Jag tror att det finns sådant i Bibeln som är tidsbundet, kulturellt betingat, och som inte har relevans för vår tid. Trovärdigheten i Guds ord hänger inte på att varje bokstav ska tolkas som huggen i sten och inte kan ändras. Tvärtom, Guds ord är levande, dynamiskt och givet för att i varje tid vägleda människor i deras vardag.

På Bibelns tid var det naturligtvis mycket som såg annorlunda ut i människornas vardagliga liv jämfört med idag. Normer, tänkesätt, nedärvda ideal, sociala värderingar och samhällsmönster – alla de livsvillkor som var självklara ingredienser i deras tillvaro ser i mångt och mycket helt annorlunda ut i vår tid. Det var den jordmån där budskapet förkunnades och togs emot på den tiden. Där måste ordet sås, om det alls skulle kunna bli någon skörd.

Guds kärlek var stor nog och hans vishet ödmjuk nog att inte bryta sönder de ramar som styrde människornas liv. Hans ord nådde deras öron just där de befann sig. Eller som aposteln Johannes uttrycker det: "Ordet blev människa och levde bland oss" (Johannesevangeliet 1:14). Ordet landade mitt i människors vardag. Och där såddes Guds liv.

Vi behöver alltså läsa Bibeln med denna förståelse för de sociala och kulturella villkor som var självklara på den tiden, även om de känns främmande för oss. Men med det sagt måste vi också vara klara över att det i Bibelns budskap finns eviga sanningar som inte kan rubbas av sociala mönster och historiens förändringar.

Låt mig ta exemplet med Paulus ord om att kvinnan måste ha sitt huvud täckt:

Nu vill jag att ni ska vara medvetna om att Kristus är huvud för varje man, och mannen är huvud för sin hustru, medan Gud är huvud för Kristus. Därför skämmer mannen ut sitt huvud om han har något på huvudet när han ber eller profeterar. En kvinna skämmer ut sitt huvud om hon inte har något på huvudet när hon ber eller profeterar, för det är detsamma som om hon rakade av sig håret. Om hon inte har något på huvudet kan hon lika gärna klippa av sig håret. Men eftersom det är en skam för en kvinna att få sitt hår avklippt eller rakat, så måste hon ha något på huvudet. **(Första Korintierbrevet 11:3-6)**

I det judiska samhället, där kristendomen uppstod, bestämdes de sociala rollerna mellan man och kvinna av den kultur som var rådande i alla de judiska kolonierna runt Medelhavet. Det var här som Jesus första lärjungar var födda och uppvuxna, och den kulturen var helt grundläggande och sågs som självklar av alla.

Några versar senare skriver Paulus: ”Men i Herren är mannen lika beroende av kvinnan som kvinnan är av mannen. För även om kvinnan kom från mannen, så blir också mannen till genom kvinnan. Och allting kommer från Gud” (Första Korintierbrevet 11:9-10).

”Men i Herren är det så …” Detta är alltså kristendomens

kvinnosyn, i motsats till den kultur som var rådande på Paulus tid. Kristendomen lär att mannen och kvinnan är lika mycket värda, och den sanningen är förankrad i själva skapelsen: "Gud skapade människan till sin egen avbild, lik sig själv skapade Gud människan, till man och kvinna skapade han dem" (Första Moseboken 1:27). Det går faktiskt inte att hitta ett starkare argument i jämlikhetsfrågan än detta!

Observera att när Paulus skriver att "mannen är huvud för sin hustru", så gör han det i samma andetag som han säger att "Gud är huvud för Kristus". Relationen mellan kvinna och man i ett äktenskap ska alltså avspegla relationen mellan Sonen och Fadern i den treenige Gudens väsen! Som sagt, det går knappast att uttrycka jämlikhet och jämställdhet på ett mer fulländat sätt. "Jag och Fadern är ett" var Jesus eget vittnesbörd som allt i den kristna tron utgår från.

Men Paulus var också angelägen, för evangeliets skull, att inte bryta samhällets normer om det inte var nödvändigt. Även om män och kvinnor var absolut jämlika "i Herren", alltså som kristna, hade de ändå olika uppgifter och roller i samhället. Kyrkans uppgift var inte i första hand att förändra samhället utan att förkunna budskapet om ett annat rike, Guds rike, och där finns ingen skillnad i värde mellan man och kvinna. De är skapade med samma mål och syfte: att bli Guds avbilder.

När Paulus säger att kvinnan måste ha långt hår och ha sitt huvud täckt är det också här kulturella hänsyn som ligger bakom. *NuBibeln* har en kommentar till den här versen, där man kan läsa följande: "I den här kulturen var det bara de kvinnor som levde i sexuell omoral som visade sig offentligt utan något på huvudet. Myndigheterna kunde straffa en sådan kvinna genom att raka av hennes hår." Då förstår man det olämpliga i ett sådant uppförande bland troende kvinnor. För evangeliets skull, för att det inte skulle bli skändat och förkastat, var det alltså ett nödvändigt påbud från Paulus.

Evangeliet var Paulus prioritet. För dess framgång och trovärdighet måste kulturella hänsyn tas. Men när samme Paulus, ledd av Guds helige Ande, la grunden för den kristna församlingens liv och gemenskap, var det heliga principer och Jesus kärleksbud som var avgörande.

"Därför skulle det strida mot all logik och allt förnuft att ta dessa anvisningar och uppmaningar Petrus och Paulus gav till sin tids församlingar som att de måste gälla överallt i alla tider. Snarare ska de ses som exempel på hur dessa tidiga kristna löste de praktiska och moraliska problem som oundvikligen uppstod i de grupper av Messiastroende judar som bildades i de judiska kolonierna i Mellanöstern och runt Medelhavet" (Thor-Leif Strindberg).[48]

Jesus ord i avslutningen av bergspredikan ger oss en bra bild av hur vi kan se på Bibeln som uttryck för Guds vilja för oss i alla tider, i alla kulturer och sociala mönster. Grunden vi bygger vidare på måste vara Jesus ord, som Nya testamentet i sin helhet bygger på. Om detta hela tiden är vår utgångspunkt och våra riktlinjer, kan det vi bygger för vår generation bli hållfast och äkta. Då kan inga stormar eller angrepp få bygget att kollapsa.

Detta är min grundhållning. Och min övertygelse när det gäller kyrkan i världen är att grundritningarna finns i Bibelns framställning av församlingen, och bara där. Kastar vi bort den ritningen måste vi också förkasta de sanningar som Gud ger oss genom sitt ord i övrigt. Bibeln måste vara rättesnöret!

Jag var på väg till Skottland en dag i början av oktober 1983. Framför mig låg en vecka tillsammans med en grupp ungdomar som gick lärjungaskolan på den skotska UMU-basen belägen i bergen mellan Glasgow och Edinburgh.

Nu satt jag på flyget mellan Köpenhamn och Stavanger i Norge, där jag skulle byta till Glasgow-flyget. Det var en sådan där fantastisk höstdag, med strålande sol och klar luft. Sikten var obegränsad, och när planet befann sig mitt över Nordsjön kunde jag se en stor del av Danmark bakom mig, svenska västkusten österut och den södra delen av Norge framför mig. Det var som en ytterst färggrann och detaljrik karta, och det var så läckert att se hur de sydnorska fjordarna skar djupt in i landet. Det såg ut som om de skar landskapet i olika stora tårtbitar.

Skönheten i det jag såg där uppifrån blev som en illustration av den undervisning jag skulle ge till de unga UMUarna när jag kom fram, tyckte jag. Det var just den bibliska kartbilden av den kristna församlingen som jag skulle beskriva för dem. Det är en fascinerande, underbart vacker och detaljerad bild av Guds utvalda folk. Det var som att Gud ville inspirera mig för mitt uppdrag i Skottland.

När jag väl kom fram hade vädermakterna planerat in något helt annat än sol och hög klar luft. Hela veckan bjöd på regn och rusk. Men det gjorde ingenting – det fina resvädret hade fyllt sin inspirationsroll och jag njöt av gemenskapen med både elever och medarbetare på basen. Och inte minst av att få undervisa dem från Bibeln om vad Gud sa om sin församling!

Efter veckans slut fick jag flera bevis på att undervisningen hade gett många av dem en ny syn på vad kyrkan är och gör i världen och en ny förståelse för vad Bibeln säger om den. Vid andra tillfällen har jag fått se samma sak hända, främst på UMU-skolor och andra bibelskolor: unga människor har fått ett nytt perspektiv på vad Gud säger om sitt folk i sitt ord.

Men även senare, när jag hade den kristna tidningen Hemmets Vän som min arbetsplats, fick jag liknande respons efter att ha skrivit artiklar i det ämnet.

Och det är ju så det är! När Guds Ande får öppna våra ögon för Bibelns syn på den församling han bygger i vår värld, då kan vi bara fyllas av en längtan efter att få vara med i det han vill göra med och genom sitt folk.

Nu är det ganska längesedan jag mött denna entusiasm

för vad Bibeln säger om kyrkan. Men jag längtar och ber om att Guds Ande ska få väcka tro på församlingen till liv på nytt.

Den stora berättelsen är inte färdigberättad än!

DEL 3
PÅ JORDEN
SÅ SOM I HIMLEN

14

IDAG OCH I MORGON

*Decenniet kulminerade till sist i coronapandemin,
den världsvida katastrof som bekräftade vår miss-
tanke om att vi trots alla våra system och vår tek-
nologi faktiskt inte har kontroll.*[19]

JOEL HALLDORF

Berättelsen om Guds gärningar och hans närvaro i vår värld
fortsätter att skrivas. Den Gud som följde med våra första
föräldrar ut ur paradiset, ut i den värld där kaosmakterna re-
gerar, den Gud som tog mänsklig gestalt i Jesus från Nasaret
vid vår tideräknings början, han är med oss i allt som pågår
i vår värld just nu. Och han följer också med oss in i en
okänd morgondag.

Det sägs att stunden just nu är det enda vi har, att bara
nuet räknas. Och visst, så är det ju. Men det är inte hela san-
ningen. Vi har en historia som definitivt satt sin prägel på

vår egen tid, och vi har en framtid som antingen stör vårt nu med oro eller fyller det med hopp. Eller kanske bådadera samtidigt.

Ett är säkert: Hur våra liv än ser ut kan ingen av oss fly bort från den bild som skaparen har präglat längst in i vårt väsen. Det finns ett gudomligt DNA i vårt inre. I det ögonblick en ny människa blir till i sin mors livmoder har Gud signerat det nya livet med sitt eget namn. Och detta sker hela tiden, det sker just nu – fyra gånger varje sekund!

Han har äganderätten till våra liv.

Och när våra liv på jorden är slut väntar en uppståndelsens dag då han kräver räkenskap för våra liv. Den tanken kan kännas skrämmande och hotfull, eller man kan avfärda den på samma sätt som man förnekar att det finns en Gud. Men den som tror känner honom som sitter på domarsätet: det är han som skapat oss och som älskat oss med en kärlek som lyser mot oss på det kors där Jesus gav sitt liv för oss.

Det här kapitlet handlar om att denne Gud har kontrollen i vår värld. Idag och i morgon. Vi måste lita på det. Jag vet, vi känner olusten krypa in under huden på oss när rapporterna om tillståndet på vår planet sköljer över oss i en strid ström. Det är inte konstigt om vi känner så. Det är fullt förståeligt om oron tar upp kampen om att få herraväldet över våra hjärtan. Inte heller jag är opåverkad. Om jag ska vara ärlig är jag inte den som är full av tillförsikt inför de hot som mänskligheten står inför. Framför allt känner jag förtvivlan och sorg över hur katastroferna med förödande kraft drabbar de mest sårbara i världen: barnen och alla de utsatta människor som lever i fattigdom och förtryck.

Ofta tänker jag såg här: jag skulle aldrig palla för allt jag hör och läser om jag inte samtidigt kunde öppna min bibel och om och om igen stava på de löften Gud gett mig (och oss alla!) om att han har kontroll, trots allt. Han har framtiden i sin hand. Han är fortfarande kärleken och godheten, och han kommer att göra allting nytt.

När klimathotet hänger över oss, när våldet trappas upp på våra gator, när högerkrafterna och extremrörelserna vinner mark, när tumskruvarna dras åt om vår arma jord och nu när det i skrivande stund återigen är krig i Europa, då kan vi ändå förtrösta på att den Gud som skapat allt och som bevisat sin kärlek till oss på så många sätt, fortfarande har både sin skapelse och oss människor i sin hand. Vi behöver framhärda i den tron. Vi behöver en trotsig tro på att Guds makt är större än fördärvsmakterna. Inte en krampaktig tro, men en glad, hoppfull och modig tro.

Det finns verkligen skäl för en sådan tro. Den stora berättelsen visar oss en annan verklighet än den som de svarta rubrikerna i media och de dystra prognoserna från framtidsforskarna målar upp. Det är en verklighet som är så viss att Bibeln aldrig tvekar om den; så annorlunda att budskapet om den förändrar människors liv och omständigheter totalt; så inbjudande att den är kyrkans stora ärende till hela mänskligheten; och så angelägen att Guds folk ber om den utan uppehåll: "Gud, låt ditt rike komma, låt din vilja ske på jorden, så som i himlen!"

Namnet på denna verklighet är GUDS RIKE.

Vår jord skakar i sina grundvalar. Men den verklighet som Den stora berättelsen handlar om bestäms av orden "Vi får ett rike som aldrig kan skaka" (Hebreerbrevet 12:28).

Det var vår sista dag på vårt kina-äventyr i juli 2018. I tre veckor hade vi varit på några olika platser i den del av nordöstra Kina som genomkorsades av Gula floden. Vilka vi? Vi var ett litet gäng från Sverige, bestående av två unga UMU-tjejer, vår äldsta dotter och hennes familj – man och två barn i tonåren – och min fru och jag, som hade rest till Kina inbjudna av en underjordisk församling i Yuncheng, som till vardags kallade sig "Garagekyrkan" (de firade sina gudstjänster i ett parkeringsgarage). Under knappt två veckor hade vi delat gemenskapen med denna församling; vi hade varit tillsammans med barn och ungdomar på ett sommarläger i samma stad och delat vår tro med dem genom lek och allvar; vi hade besökt den plats i Ruicheng där min farmors syster blev martyr 70 år tidigare (rubriken som vi satt för vårt uppdrag i Kina var "I Elnas fotspår"); vi hade "hälsat på" Terracotta-arméns soldater i Xian; vi hade traskat en bit på kinesiska muren och vi hade turistat i tjugomiljoner-staden Beijing.

Och nu var det alltså sista dagen på kinesisk mark. Det var en söndag, och min fru och jag bestämde oss för att gå till en så kallad Tresjälv-kyrka och delta i deras gudstjänst. Tio år tidigare hade USA:s president George Bush besökt den kyrkan (bara en sån sak!). Men nu var det vår tur.

Klockan var bara 8 på morgonen, men kyrkan var fullsatt. Det var svårt att tro att den var kontrollerad av en ateistisk regim. Lovsången var stark och innerlig, bönerna likaså, och en äldre man hade ett bibelstudium på över en timme. Inte för att vi förstod så mycket rent språkligt, men det gick inte att ta miste på kraften och tron bakom orden.

Ett antal övervakningskameror var strategiskt utplacerade i den stora kyrksalen. Myndigheterna hade koll, men de kunde inte komma åt hjärtats tro och tillbedjan bland gudstjänstfirarna. Inte heller kunde de hindra flera i kyrkan från att med värme hälsa oss välkomna.

Nu några år senare läser jag om nya hårdare lagar i Kina som infördes just det året, 2018, för att kraftigt kunna begränsa de kristnas frihet. Myndigheterna är nämligen bekymrade över den stora ökningen av antalet troende i landet, och nu vill man göra allt för att stoppa kyrkans tillväxt.

Resultatet? Ökad tillväxt!

Samtidigt med att de nya lagarna trädde i kraft ökade också användningen av den nya mobilappen WeChat, som i korthet innebär att varje kinesisk invånares vardagsliv, ekonomi, umgänge och aktiviteter syns i denna app. Dessa kan spåras, analyseras och delas av myndigheterna och fungerar som en del av massövervakningen av befolkningen. Det finns också ett poängsystem kopplat till WeChat som höjer eller sänker medborgarnas kreditvärdighet och sociala för- eller nackdelar. Det räcker med att man råkar känna en person som går till en kristen kyrka om söndagarna för att poängen ska sjunka.

Missionstidningen Ljus i Öster rapporterade om detta i en artikel i septembernumret 2021. I avslutningen av reportaget konstaterades att kyrkan trots dessa förhållanden har växt, ungefär som den gjorde under den stora väckelsen på 1980- och 1990-talen.

Gud har kontrollen!

Det gäller i Kina, och det gäller i hela världen. Också i din och min vardagsvärld. Gud vet vad han gör. Han kommer att lägga allt till rätta, även det som i våra ögon ser omöjligt ut och som i våra känslor uppfattas som kaos och förvirring. He is in charge!

Vilket betyder att han kommer att fullborda sina avsikter för den här världen. Det är inte tomma ord vi sjunger i Mickey Fhinns sång: "Allt som är bestämt, det som står skrivet kommer att ske, förr eller senare".[50]

Det betyder också att vi har rätt att känna glädje och förväntan inför framtiden, trots de svåra tider som vår planet är havande med och samtidigt som vi våndas, lider och sörjer. Jesus har gett oss skäl för vårt hopp: "När ni ser allt detta hända, räta på er och fatta mod, för då är er befrielse nära" (Lukasevangeliet 21:28).

Men det betyder inte att vi kan slå oss till ro och bara vänta på vad Gud ska göra. He is in charge, javisst, men han inbjuder oss, sitt folk, att vara en del i återskapandet av den här världen. "Ni är att utvalt släkte, ett kungligt prästerskap, ett heligt folk, Guds eget folk som ska förkunna hans storverk" (Första Petrusbrevet 2:9).

Två bibelord som min tro sträcker sig mot och som ger mig ett verkligt och stabilt hopp för mitt liv och för vår värld är de här:

"En tillflykt är han, urtidens Gud, och här nere råder hans eviga armar" (Femte Moseboken 33:27, Svenska Folkbibeln).

"Detta har jag talat till er för att ni ska frid i mig. Här i världen kommer ni att möta bedrövelser men var vid gott mod, jag har besegrat världen" (Johannesevangeliet 16:33).

Gud har kontrollen! Inte så att han styr allt med järnhand, men så att den som förtröstar på honom tryggt kan vila i att hans kärlek aldrig sviker och att hans makt är större än våra omständigheter.

15

FEAR NOT TOMORROW

Vi hade ett piano hemma på Lekgatan i Alingsås när jag växte upp. Det blev så att det mest var jag som nötte på pianopallen. Ofta var det Einar Ekbergs Amerikarepertoar som jag placerade framför mig på nothållaren. Det var en imponerande samling med andliga sånger som den kände sångaren tog med sig från USA under sina årliga Sverigeturnéer. En av mina favoriteter var nummer 139, Fear not tomorrow av Ira Forest Stanphill, utgiven 1963, som i Daniel Hallbergs översättning fick titeln Ej jag känner morgondagen. Det var särskilt en strof i början av sången som fick mig att ofta söka upp "139:an" när jag satte mig vid pianot.

Nu ger jag den strofen vidare till alla som läser det här:

Morgondagen, vad den rymmer, ja det vet ej du och jag.
Men det finns dock en som gör det, honom följer jag idag.

Att ta rygg på honom som känner morgondagen – vad kan toppa det?

Hösten 2020, när hela världen var mörklagd av coronapandemin, höll jag på med att skriva en bok med titeln "Medan det ännu är dag". Där försökte jag identifiera vår egen tid i ljuset av det uppdrag Gud gett sitt folk och som har gällande kraft för varje generation. Jag listade de händelser som jag då tyckte mig se som de mest krisartade i världen just då, inte för att det finns ett egenvärde i att måla en så mörk bild som möjligt av den här planetens chans till överlevnad, utan tvärtom för att visa på ett framtidshopp. Det hoppet fann jag när jag läste en annan lista över svåra kriser i världen, som i mångt och mycket liknade den jag nu beskrev, trots att den listan har två tusen år på nacken. Men det var där jag såg hoppet! Jag såg att det lyste med full styrka rakt in i vår egen tid med de orosmoln som nu tornar upp sig.

Därför vill jag gärna berätta igen vad jag skrev då, hösten då coronan höll världen i sitt grepp. Det är precis lika aktuellt för oss nu:

En gång för mycket länge sedan publicerades en lista över kriser och katastrofer som hotar hela mänskligheten, som på många sätt liknar den lista jag beskrivit här. Vi hittar den i tre av evangelierna i Nya testamentet. Det var Jesus som i ett allvarsamt samtal med lärjungarna pekade på svåra händelser som i framtiden skulle övergå världen. Vi kan läsa om det i Matteusevangeliets 24:e kapitel, Markusevangeliets

13:e kapitel och Lukasevangeliets 21:a kapitel.

Är vi där nu? Väldigt mycket talar för det!

Men Jesus gav oss inte lista över framtida världshändelser bara för att vi skulle känna igen vår egen tid och se vad klockan är slagen. Han gjorde det för att visa oss på lösningen. Det finns hopp! Enligt Lukas avslutade han sitt framtidstal med två fantastiska löften som gör all skillnad i världen om vi tar fasta på dem:

1. "När allt detta börjar, så räta på er och lyft era huvuden, ty er befrielse närmar sig" (Luk 21:28).

2. "På samma sätt vet ni när ni ser detta hända att Guds rike är nära" (Luk 21:31).

Det är alltså genombrottet för Guds rike som gör hela skillnaden! Men det sker inte per automatik. Vi lägger märke till att när Jesus avslöjar framtiden håller han inte ett offentligt tal inför stora människomassor, inte heller är det den tidens politiker och makthavare han vänder sig till. Det är en liten grupp av de närmaste lärjungarna han har framför sig i ett förtroligt samtal, de som svarat ja på kallelsen till Guds rike, de som Jesus anförtror sitt fortsatta verk till. Hans efterföljare har nämligen en roll att spela när framtiden skrivs.

Med andra ord: När de händelser inträffar som Jesus talar om, händelser som vi faktiskt kan identifiera i vår egen tid, då har de som tror på Jesus och sätter sitt hopp till honom en avgörande roll att spela för att göra skillnad, för att

144

bana väg för befrielsen och bereda marken för Guds rike. Jesusfolket, den kristna församlingen, sitter på lösningen! Men då måste vi be den bön som vår mästare lärt oss be: "Vår fader ... låt din vilja ske, på jorden så som i himlen." Och låta bönesvaret landa i våra egna liv.

Vad är Guds vilja? Det finns förstås mycket att säga om vad Gud vill. Han har gett oss sitt ord, Bibeln, och där har han uppenbarat sin vilja – genom de tio budorden, genom sitt handlande med sitt folk Israel, genom de budskap som profeterna fick framföra och framför allt genom Jesu liv och förkunnelse och, väldigt konkret, i den så kallade bergspredikan. Allt vad Gud vill kan sammanfattas i det som Jesu död och uppståndelse gjorde möjligt, nämligen att "alla människor ska räddas och komma till insikt om sanningen" (1 Tim 2:4).

Han har också tydligt visat att hans vilja för sin församling är att den ska vara ljus och salt i världen. Och det gäller inte minst i det framtidsscenario som Jesus målade upp, som inte slutar i kaos och undergång utan med befrielse och Guds rikes genombrott. Att Jesus delade den visionen med sina lärjungar innebär att han bjöd in dem (och oss!) i arbetet med att förverkliga den.

Gud tänker tydligen inte förvandla den här världen oss förutan. Församlingen har en roll att spela när Gud griper in i historien. Kyrkan har ett budskap om hopp att förkunna och ett liv att demonstrera för världen som vittnar om Guds nåd och räddning. Men då måste vi be: Gud, ske din vilja med oss!

Mitt i det drama som utspelar sig runt om på världsarenan tycker jag mig höra en röst som kallar på oss. Det är Jesu röst som påminner oss om att vi, hans folk, har en roll att spela i det som händer.[51]

Så skrev jag då, och så skriver jag nu. Vi behöver lyfta vår blick och se vad Gud gör i världen idag och vad han gör i vår närhet. Och vi behöver lyssna till hans inbjudan att stå tillsammans med honom, på hans sida i det som händer.

Finns det något mer hoppfullt och meningsfullt? Jag tror inte det.

16

PÅ GUDS SIDA

Ditt och mitt liv pågår nu i detta ögonblick. Jag vet inte vad som händer i världen när du läser det här, eftersom det för mig fortfarande ligger i framtiden. Men du vet det. För dig är det nutid.

Men ett vet jag: Gud har kontroll. Han har inte lämnat scenen där du befinner dig just nu. Guds berättelse, Den stora berättelsen, fortsätter att skrivas.

Men det är viktigt att förstå att den berättelsen inte är ett färdigskrivet manuskript där allt är givet på förhand. Det är varken ödet eller en förutbestämd agenda som styr. Gud är ingen diktator som genomför sina projekt med krav på blind lydnad från vår sida. Han är kärlek och hans handlande med vår värld är bestämt av kärleken. Och kärleken är beroende av gensvar från den älskade.

Ända från det ögonblick då våra första föräldrar tvingades lämna den värld där mänskligheten tog sina första steg och där "allt var gott", har Gud skrivit på den stora be-rättelsen med kärlekens språk. Han har alltid haft varje människas bästa för ögonen och varje människas välgång på sitt hjärta, samtidigt som han respekterar varje människas integritet och fria vilja. Och det gäller även när upproret, som stängde paradisets port, fortsatt att föra människan bort från Gud.

Han har kontroll, och han är på vår sida. Det sista ordet är inte ondskans utan Guds.

Faktum är att nobelpristagarna, som just när jag skriver det här håller på att tillkännages inför årets prisutdelning, arbetar med sin forskning på Guds sida (en del av dem medvetet, andra inte). För mänsklighetens bästa! Det gäller i synnerhet pristagarna i de naturvetenskapliga ämnena och fredspristagaren. Likaså naturligtvis alla deras forskarkolleger runt om i världen.

Detsamma kan sägas om varje vårdanställd, varje lärare och förskolepedagog, varje anställd inom psykiatrin och så vidare. En stor del av mänskligheten gör hela tiden insatser för det godas sak och för sina medmänniskors välfärd. Och då står de på Guds sida i det goda verket, till och med när de inte vet om det.

Men Gud väntar fortfarande på att få förvandla människors liv på insidan, att få befria dem från synd och skuld, att få rädda de förlorade för sitt eviga rike. Han väntar på varje enskild människas gensvar på hans kärlek. Därför är förkunnelsen av evangeliet, det budskap som anförtrotts kyrkan i världen, avgörande. Därför är varje troendes vittnesbörd, i ord och handling, lika avgörande. Och därför är varje handling, liten eller stor, som har Guds kärlek som motiv, så avgörande.

Att för Jesus skull engagera sig i Stadsmissionens arbete för att hjälpa hemlösa till en bostad eller bara en säng för natten, eller för att ge dem en tallrik soppa och en macka, är att handla på Jesus vägnar för att nå våra medmänniskor med hans kärlek.

Att stödja ett fadderbarn i den så kallade tredje världen är att räcka ut en kärlekens hand till dem som lider.

Att vara en del i bönerörelsen för den förföljda kyrkan runt om i världen, att be för deras frihet och om beskydd men också för att deras vittnesbörd inte ska kunna tystas, är att bereda vägen för Jesus.

Att hjälpa en nyanländ flykting att få fotfäste i en för honom eller henne ny och främmande kultur och få möjlighet att börja ett nytt liv i vårt samhälle är en handling som behagar Gud, han som om och om igen i den bibliska historien visar att främlingens, den faderlöses och de fattigas sak ligger på hans hjärta.

Att engagera sig politiskt, lokalt eller regionalt eller på riksplanet, för att där påverka beslut som berör så många människor, och för att där strida för det som är sant, värdigt och rättfärdigt i vårt samhälle, är en svår uppgift. Men angelägen.

Listan kan göras väldigt lång på hur vi kan stå på Guds sida i hans kärleksverk på jorden. När Jesus talar om hur våra liv kommer att bedömas en gång säger han: "Sannerligen säger jag er: när ni gjorde detta för någon av mina minsta bröder, då gjorde ni det för mig" (Matteusevangeliet 25:40).

Men allra högst upp på listan står kanske ändå de böner som når till Guds hjärta från hans barn, alla böner för människors frälsning, för barns, föräldrars och anhörigas frälsning, för vänners, arbetskamraters och grannars frälsning. Gud vill alla människors frälsning (Första Timotheosbrevet 2:4), så varje bönesuck från djupet av våra hjärtan, riktade till honom, är en vädjan om att hans vilja ska ske. Det är ett samarbete med den evige Guden, det är att stå på hans sida.

Att stå på Guds sida, idag och i morgon, är att mitt vårt vardagliga liv hålla fast vid den vägledning vi får av Gud själv genom hans skrivna ord i Bibeln. "Stå därför fasta, syskon, och följ den undervisning ni har fått av oss, muntligen eller i våra brev", skrev Paulus till de kristna i Thessaloniki (Andra Thessalonikerbrevet 2:15). Vi har ju förstås inte fått den muntligen från Paulus mun, men breven som både han och de andra apostlarna skrev till de första kristna kan också vi läsa. Genom kyrkohistorien och ända in i vår egen tid har undervisningen förts vidare. "Stå därför fasta, syskon, och följ den undervisningen." Nu är det vi som får den uppmaningen. Och om det står så måste det vara möjligt att leva så.

Jag kan verkligen inte slå mig för bröstet och säga att jag alltid har lyckats med det. Men det har ändå varit min strävan. Det har blivit inriktning för mitt liv.

Låt mig ge ett exempel – om än banalt sådant – på vad det för mig har inneburit att stå på Guds sida i hans kamp mot orättfärdighet och lögn.

Under ett par års tid jobbade jag i en fabrik i Uddevalla som tillverkade containrar för fartyg. Som det ofta är på sådana arbetsplatser blandades gott kamratskap med råa skämt och gliringar. På väggen framför min plats i lokalen hade någon satt upp utmanande bilder på mer eller mindre avklädda kvinnor. Det kändes olustigt, förnedrande, och jag rev ned dem. Efter nästa rast fanns de där igen. Och så höll det på ett tag innan den som fann ett nöje i att provocera mig tröttnade.

För min del handlade det om att stå upp för den rättfärdighet som Bibeln undervisar om. Just där, på den plats på fabriksgolvet där jag hade mina arbetsuppgifter, kunde jag inte acceptera att ondskan på detta fräcka sätt grinade mig rakt i ansiktet.

Jag berättar inte det här för att framstå som en duktig kristen. Det finns alltför många andra tillfällen då jag visat prov på det motsatta. Men jag berättar det som ett vittnesbörd om att Guds krav på rättfärdighet och sanning har fått avtryck också i mitt liv. Jag har sagt ja till Guds inbjudan att ta del i hans berättelse och låta en strimma av ljuset från hans värld lysa här i vår värld.

"Och nu, syskon, det som är sant, det som är värt respekt och det som är rent, värt att älska och tala väl om, allt som är förtjänstfullt och värt beröm, håll det i era tankar" (Filipperbrevet 4:8).

Att leva så och att gå in i framtiden med den inriktningen är att stå på Guds sida i en – som det ser ut – allt mörkare värld.

I nästa kapitel vill jag peka på korset. Det är nämligen inte bara något som hör historien till. Korset är för alltid beviset för att Gud står på vår sida, och det lyser mot oss på varje sida av Den stora berättelsen. Paulus hade ett enda ärende när han kom till Korinth: att tala om Jesus Kristus, och honom som korsfäst (Första Korintierbrevet 2:2).

Detta budskap om korset måste förkunnas idag och i morgon. Att förkunna det är att stå på Guds sida!

17

HAMMARSLAGEN EKAR FORTFARANDE

Vägen var en smal, kurvig och gropig, och den bar hela tiden uppför. Den skulle kanske duga som en illustration på den smala vägen som Jesus talade om, den som leder till livet. Han sa också att det är få som finner den (Matteusevangeliet 7:14), och också det stämde bra på den här resan. Vi var ganska ensamma på vägen, min fru och jag. Enligt GPS:n var vi i alla fall på rätt väg.

Till slut befann vi oss högst upp på berget, och där öppnade sig plötsligt landskapet. Det fanns till och med en parkeringsplats och en fint iordningställd utsiktsplats. Vi var framme vid den plats där vi planerat in ett stopp på vägen hem från Finland sommaren 2019. Vi hade valt att köra hem på den svenska sidan om Bottenhavet. Och nu var vi där, på Sveriges geografiska mittpunkt på Svartberget i Hassela i norra Hälsingland.

Visst, det var en fantastisk utsikt över bygden där uppifrån. Men det vi hade sökt oss dit för var det 30 meter höga korset som reste sig på platsen. Det var en imponerande syn. Korset är nästan lika högt som den världsberömda Kristusstatyn i Rio de Janeiro i Brasilien. Men ännu mäktigare var det att se tecknet för Guds kärlek rest mitt i vårt land med sitt vittnesbörd om liv, frihet och hopp till vår värld. Historien bakom korset i Hassela berättar om att det kunde resas efter ett domstolsbeslut och att första spadtaget togs av ett kommunalråd.

Så annorlunda i Kina, som vi besökte ett år tidigare. Rapporterna därifrån berättar om hur myndigheterna anstränger sig för att begränsa de kristnas inflytande och att korsen på en rad kyrkor har rivits ned.[52] Inga Hasselakors där!

I foten på korset på Svartberget finns ett litet kapell inbyggt, en plats för tillbedjan, bön och gudstjänst, en plats där man, bildligt talat, kan fatta tag i Guds utsträckta hand till oss människor. Bilden blir så vacker och sanningen så konkret: vid korsets fot finns platsen för tillbedjan av den Gud som så älskade världen att han gav den sin ende Son.

Här, mitt i Sverige, har det skrivits väckelsehistoria. I en bok om folkväckelsen i Dalarna och Hälsingland berättar jag om när min farmorsfar Hans Lenell som 15-åring (då han fortfarande hette Andersson i efternamn), kom till Hudiksvall, inte alls långt från Hassela och Svartberget, för att studera till skollärare. Staden var ett centrum för det så kallade Norrlandsläseriet och "en värdig representant för alla de orter runt om i landet som var med om att föda fram 1800-talets stora väckelserörelse".[53]

Det var också där i Hudiksvall som han konfirmerades i Svenska kyrkan. Med djupt allvar sa han sitt ja till Gud och lovade att med sitt liv tjäna honom. Och Gud tog honom på allvar! När han kom tillbaka till sin hembygd fick han lärartjänst först i Rättvik och sedan i Boda kyrkby, två mil längre norrut. Men bara ett par år senare fick han lämna katedern, avsatt av kyrkorådet på grund av att han ledde otillåtna samlingar med brödsbrytelse runt om i stugorna.

Han hade blivit ett redskap i den väckelse som svepte fram i byarna vid Siljan, vilket alltså betydde att han hamnade i onåd hos kyrkoråd och skolstyrelse. I stället för klassrummet blev det först stugmötena och senare missionshusen som blev hans arbetsfält. Snart började han resa runt i Dalarna och Hälsingland som resepredikant i det nybildade Svenska Missionsförbundet. Och dela tiden var hans ärende detsamma: korsets budskap om försoning och frälsning.

Ett 60-tal år senare, 1945 (samma år som jag föddes), skrev prästen Göran Widmark en psalm som känns som en replik på det som hände under dessa väckelsetider: "I tro under himmelens skyar, har fäderna skördat och sått.".[54] I omkvädet står det: "Än räckes Guds frälsning, än räckes Guds frälsning åt den som sig ångrar och tror."

Ytterligare drygt 60 år senare restes korset på Svartberget, på Sveriges mittpunkt, som en ordlös bekräftelse: "Än räckes Guds frälsning." De orden fortsätter att gälla, generation efter generation, oberoende av hur världen ser ut. Och de kommer inte att tystna förrän Gud själv sätter punkt för historien.

Den där predikanten, Hans Lenell, hade en dotter som hette Elna (som alltså var syster till min farmor – jag har tidigare i den här boken berättat om henne, på sidan 56-57). Hon tog budskapet som pappa Hans hade förkunnat med sig till Kina. Tillsammans med många andra missionärer har hon bildligt talat fått resa korset i detta jätteland. Många miljoner kineser har under årtiondena som gått funnit sanningen i de Widmarkska orden: "Än räckes Guds frälsning till den som sig ångrar och tror." Och nu reser sig korsen, inte bara bildligt utan faktiskt också bokstavligt – och trotsigt – både i kyrkorum och kyrkofasader överallt runt om i Kina. Inte så stora som i Hassela, men ändå. När myndigheterna river ned dem sätts nya upp på andra platser.

Hammarslagen från de romerska soldaterna som spikade fast Jesus händer och fötter på korset ekar fortfarande i hela vår värld och förkunnar det största budskap som någonsin kan förkunnas.

Men det finns mer att säga. Det är inte bara en proklamation som ropas ut. Det föds också en lovsång där vid korset.

Niklas Hallman, pastor i Huskvarna, skrev för några år

sedan en sång som fick titeln "Spikarnas lovsång". Den handlar om den befrielse som hammarslagen på Golgata fortplantar ända in i vår tid. De romerska soldaternas hammarslag, när de drev spikarna genom Jesus händer och fötter, blir till en lovsång, fylld av både smärta och jubel.

Den lovsången har inte tystnat, och den får inte tystas. Vi måste sjunga den, förkunna den, vittna om den och ge en blödande värld hälsningen från Gud att han fortfarande älskar den. Varför? Därför att spikarnas lovsång, med klangen från de romerska soldaternas hammarslag där på Golgata, ger hopp till vår värld idag.

Det är just det som vår värld idag saknar. Hopp. En av de tydligaste – och mest tragiska – resultaten av den uppseglande klimatkrisen är en total avsaknad av hopp hos den unga generationen. De unga har tröttnat på tomma ord och löften från världens politiska ledare. Och deras slutsats är: "Det är kört." Deras framtid finns inte.

Vi som har korset tecknat i våra hjärtan, vi som sjunger spikarnas lovsång, måste låta den unga generationen få höra: Det är inte kört! Den stora berättelsens budskap är att Gud har sagt sitt ja till oss,[55] och det är detta ja som korset ropar ut till denna generation.

Jesus kors är världens enda verkliga hopp. Det kan låta kaxigt att säga så, kanske till och med inbilskt. Många skulle helt enkelt avfärda det som en typiskt kristen klyscha som inte har med verkligheten att göra. Men jag låter orden stå utan att tona ned anspråket i det.

Korset är hoppet för vår värld. Allt jag skrivit i den här boken stryker under det. Och det är inte mitt påhitt, det är innehållet i Den stora berättelsen, skriven av Gud.

18

Redo för uppbrott

För andra året i rad hade jag tagit ett team med mig från lärjungaskolan på Restenäs till Israel. Jag tror det var 1984. Året innan hade jag blivit presenterad för en man vid namn Shlomo Hizak. Han var jude och hade bott i Jerusalem hela sitt liv. Den tidigare säkerhetsvakten inom den israeliska polisen hade 1962 grundat Jerusalem Center for Biblical Studies and Research. Den här gången blev vår vistelse i Israel delvis förlagd till det center han hade byggt upp i Jerusalem.

Vi fick flera tillfällen att sitta ned i lektionssalen på centret och lära oss en hel del om den judiska tron, om Israels och judafolkets historia och inte minst om deras heliga skrifter. Vår egen tro fick ett nytt djup när Shlomo lät den judiske rabbinen Jesus från Nasaret träda fram på bibelbladen, belyst av hans eget folks historiska skrifter och traditioner.

Nu var den sista dagen av vår vistelse i Jerusalem inne.

Vi hade delat på teamet, några hade valt att besöka en arabisk skola i Beit Jala, tvillingort med Betlehem, medan vi andra återigen fick en lektion av Shlomo Hizak på hans center.

Vi hade inte kunnat förutse det som hände. Plötsligt, utan förvarning, avbröt Shlomo sin föreläsning, bokstavligt talat mitt i en mening.

– Ni måste omedelbart gå och packa era väskor och ge er iväg till flygplatsen, sa han snabbt.

Varför, undrade vi. Men så följde vi hans blick ut genom fönstret och förstod. Där utanför föll snön tätt (det här var i februari månad), och Shlomo visste vad det betydde: vägarna skulle bli oframkomliga och hela stan skulle bli förlamad av snön. Det fanns ingen beredskap för ett nordiskt vinterväder på dessa breddgrader! Så för att ha en chans att komma till flygplatsen och vårt bokade plan nästa morgon måste vi ta oss dit genast.

Men först måste vi ju hämta resten av teamet i Beit Jala. Två av teamarna tog minibussen och gav sig av på sliriga vägar mot skolan som låg högt upp i de judeiska bergen drygt en mil söderut. Om det berodde på deras vana att köra bil i vinterväglag eller på Guds omsorg (förmodligen var det en kombination av båda), så lyckades vi ändå klara denna helt oförberedda situation. Alla teammedlemmar var med när vi ett par timmar senare var på väg till Ben Gurion-flygplatsen, och efter en lång natt i en ödslig vänthall på flygplatsen kunde vi checka in för vår hemresa.

Det här var förstås en mycket liten händelse i mitt liv, även om den kändes lite smått dramatisk för oss just där och då. Om det oväntade snöfallet hade tvingat oss att stanna där vi var och vi inte hunnit med vårt plan hem, hade det naturligtvis löst sig ändå. Det hade inte varit någon katastrof. Men ur denna rätt banala händelse tycker jag ändå att jag kan vaska fram en tankeställare som är nog så allvarlig: Är jag redo för uppbrott? Är du redo?

För det kommer en punkt i våra liv då vi inte får någon chans att reparera ett missat uppbrott. När Jesus talar med sina lärjungar om den framtid som väntar både dem själva och alla människor, så gör han allt för att inpränta i dem vikten av att vara vakna så de inte överrumplas av hans återkomst.[56]

Var redo för uppbrott!

Så det känns självklart för mig att peka på den punkt i Den stora berättelsen som obönhörligen talar om ett uppbrott. Det är något som ingen av oss kommer undan. Våra liv här på jorden har ett slut. Och mänsklighetens historia här på planeten har ett slut. Uppbrottsordern kommer för alla.

För en del kommer den helt oväntat och oförberett.

För mig (och för många andra) blev det övertydligt en julidag den gångna sommaren. Det plingade till i min telefon och en nyhetsflash från min lokala dagstidning dök upp klockan 19.34 den 8 juli: "Flygkrasch vid Örebro flygplats – nio personer ombord: Skarpt läge." Det kom nya besked, nyhetsmedia från hela landet hakade på och snart stod den chockartade händelsen i hela sin ofattbara vidd klar. Det lilla propellerplanet med sin pilot och åtta förväntansfulla fallskärmshoppare, sju män och en kvinna, ombord hade inte mer än hunnit starta för dagens sista hopp när det plötsligt och oförklarligt dök ner i marken och fattade eld. Alla nio i planet var chanslösa. Ingen överlevde kraschen.

De hade gjort sig redo för ett sista hopp efter en härlig dag med fallskärmsklubben. Men var de redo för sitt sista andetag i livet?

Dessa nio fallskärmsentusiaster var säkert lika medvetna allihop om att livet på jorden har ett slut, precis som alla vi andra vet om det. Och kanske var de redo för uppbrottsordern. Jag hoppas det.

1989 började jag min anställning på Hemmets Väns redaktion. Fem år senare hade jag hunnit bli rätt bekant med många av de kristna "profiler" som mer eller mindre regelbundet medverkade i tidningens spalter. En av de krönikörer som jag uppskattade mycket för de träffsäkra och trosvissa artiklar hon skrev var Iréne Henrysson. Den 29 september 1994 finns hennes krönika publicerad. Den var inte hennes första. Men det blev hennes sista.[57]

Hon var med på passagerarfärjan Estonia som förliste den 28 september. 137 av de 989 passagerna överlevde katastrofen. Hon var inte bland dem.

I krönikan, som hon alltså skrev någon vecka innan,

berättar hon om ett samtal med hennes gamla pappa som befann på sjukhus. Genom fönstret i dagrummet ser de hur det blåser och regnar där utanför, och samtalet handlar om tillvaron som en båtresa – som en resa på villande hav. Hon avslutar sin krönika så här: "Glädjen får en ny dimension. Det är inte att surfa genom livet på vågtopparna. Det är, att som bonden ta loss ett litet dött rådjur från taggtråden och varsamt lägga ner det på marken, och ändå tro på en mening med allt som händer."

När hennes ord kunde läsas i Hemmets Vän hade hon strukit under dem med sin egen död. Hon var beredd på uppbrott. Hon visste att det innebar att glädjen fått en ny dimension.

Det finns alltså all anledning att påminna om att Bibeln talar om detta uppbrott, inte bara som ett tragiskt slut på jordelivet, utan som något stort och vackert, något att se fram mot och längta efter. Det är ett uppbrott från den här världen, där vi ibland, (eller ganska ofta) kämpar en ojämn kamp mot orättvisor, meningslöshet och ondska, till en annan, långt bättre värld!

Det betyder naturligtvis inte att vårt jordeliv inte skulle kunna bjuda på mycket skönhet och godhet och glädje. Det är inte enbart bekymmer, nederlag och oro som är ingredienserna i våra liv. Men Bibeln insisterar: Det som Gud har i beredskap för oss när han skapar "nya himlar och en ny jord, där rättfärdighet bor" (Andra Petrusbrevet 3:13), är så ofattbart mycket större och så oändligt mycket mer värdigt människan, skapelsens krona. Den världen är fullkomlig, och det är uppbrottet för att ta den tillvaron i besittning som väntar oss. Det är något vi absolut vill göra oss redo för!

Det är detta uppbrott som gör Den stora berättelsen meningsfull för oss. Den lilla berättelsen står inte ensam, den är integrerad med den stora, och det är just här, i uppbrottet, som de löper samman.

Paulus svävar inte på målet när han talar om detta uppbrott, och det behöver inte heller vi göra: "Jag anser att de lidanden vi får gå igenom här i denna tid inte betyder någonting jämfört med den härlighet som en dag ska uppenbaras för oss" (Romarbrevet 8:18). I nästa vers tillägger han att "hela skapelsen väntar med spänning på att få se Guds barn uppenbaras". Allt som Gud har skapat är indraget i detta uppbrott! (Inom parentes visar detta att allt som har med miljöfrågor och klimatförändringar hör till vårt ansvar som kyrka. Alltsedan den dag i tidernas början då Gud gav Adam, den första människan, ansvaret att vårda skapelsen har det ansvaret vilat på mänsklighetens axlar.)

Det var lördag, två veckor före jul 2021. Jag satt hemma i vardagsrumssoffan med tre filmkameror riktade mot mig. En kameraman rörde sig ljudlöst från den ena kameran till den andra. En kvinnlig producent satt vid sidan av med sina intervjufrågor framför sig. Producenten och kameramannen jobbade för en kristen tv-kanal, och nu var de i vårt hem för att göra ett program som skulle sändas senare (när jag skriver detta har det ännu inte sänts).

Intervjun handlade om min pappas missionärsmoster som jag nämnt om tidigare i den här boken, Elna Lenell. Det har gått fyra år sedan jag skrev om hennes liv i en bok med titeln "Kärleken drev henne", och med den boken som utgångspunkt berättade jag nu om hennes 27 år långa missionsgärning i Kina. I slutet av intervjun kom vi in på den händelse som krönte hennes livsgärning. Hennes martyrdöd finns väl dokumenterad och hålls i respektfullt minne än idag bland de kristna på platsen.

Då får jag frågan som jag visste skulle komma: Hur känns det att ha en släkting som lidit martyrdöden?

Jag hade i förväg tänkt igenom mitt svar, eftersom det är en fråga man inte gärna besvarar på ett lättvindigt sätt. Det kommer så personligt nära. Berör mig på insidan.

Mitt svar blev ungefär så här:

Det är naturligtvis tragiskt att hon blev dödad på detta brutala sätt, men ändå är det faktiskt stolthet jag känner. På något sätt är det hedrande att en person som bär samma familjenamn som jag visat ett sådant kurage, ett sådant mod i ett så avgörande ögonblick — att hon vågade stå för sin övertygelse till den grad att hon hellre valde döden än förnekelse. Det känns högtidligt och stort. Hon visade att den tro som jag själv har verkligen är sann. För det är ju bara sanningen som är värd att ge sitt liv för. Hon har gått före och visat vägen.

165

Så la jag till: Om jag hamnade i en liknande situation önskar jag att jag skulle handla på samma sätt.

Det är där som jag känner att det bränner till och blir så personligt utmanande. Skulle jag vara beredd att betala priset? Är jag beredd på uppbrott, om det skulle ske på detta bryska sätt? Jag vet inte. Men jag hoppas det. Inte ens Petrus som levde tillsammans med Jesus i tre fantastiska år var beredd när det gällde liv eller död.

Så även om jag skriver det här kapitlet om att vara redo för uppbrott, och även om det är ett uppbrott till en långt bättre värld, så kan jag bara hoppas på Gud och hans nåd för att våga ställa mig själv i ledet av dem som verkligen är beredda.

Som jag tidigare sagt: Jag är inte rädd för att dö. Men kanske skulle jag tveka om priset blev alltför högt?

Men så minns jag: Till och med Petrus, känd för att ha förnekat Jesus, var beredd på uppbrott när den dagen till slut kom i hans liv. Och inte bara beredd – han bad om att få bli korsfäst med huvudet nedåt, eftersom han inte ansåg sig värdig att dö på samma sätt som hans mästare.[58]

Från förnekelse till martyrium. Det finns bara en förklaring: Gud hade förvandlat honom. Samma Gud gjorde Elna Lenell redo för sitt uppbrott. Denne Gud är också verksam i mitt liv.

DEL 4
LIV FÖR ALLTID

Att dö är inte att försvinna.
Att dö är att också omplanteras
i en värld av obegränsade möjligheter.[59]

19

En öppen dörr

Det går en väg mot framtiden. Det hörs en sång
från himmelen.
Där går ett folk från nöd och strid, från lidande
till evig frid.
Det går ett folk oändligt stort, in i Guds stad,
genom dess port.
Dom fyller himlen med sin sång. Dom sjunger
evigheten lång.[60]

Om allt jag skrivit i den här boken fram till nu är sant och
jag ändå tvingats sätta punkt här eftersom det inte funnits
något att tillägga, om uppbrottet från det här livet var det
sista jag kunnat säga, men sedan ingenting mer, då hade det
varit ett misstag att över huvud taget skriva boken. Då hade
jag fått lov att ta tillbaka allt jag skrivit om livets mening.

Om Den stora berättelsen hade varit slut här, då hade det
inte alls funnit någon stor berättelse att skriva om. Och Den
lilla berättelsen hade bara varit patetisk.

Som Paulus skrev till församlingen i Korinth: "Om vårt hopp till Kristus bara gäller livet här, då är det verkligen mer synd om oss än om någon annan" (Första Korintierbrevet 15:19).

Men Den stora berättelsen slutar inte här! Den fortsätter – och fortsätter i all evighet. Likaså Den lilla. Det går en väg till framtiden, och den går genom en öppen dörr.

Redan för två tusen år sedan såg Johannes, en av Jesus lärjungar, denna öppna dörr. Det var en syn han såg, och han berättar om den så här:

Sedan såg jag, och se, en dörr stod öppen till himlen. Och rösten som jag först hade hört, den som lät som en trumpet- stöt, sa: "Kom hit upp, så ska jag visa dig vad som måste hända i framtiden!"[61]

Genom den öppna dörren kunde han se mycket som ut- spelade sig i den värld som den första generationens kristna levde i, både på ett politiskt och (framför allt) på ett andligt plan. Men han såg också många profetiska beskrivningar av händelser som för honom låg i framtiden, men som vi ser utspelas på jorden idag. Det handlar om krig, naturkatastro- fer, svält och miljöskador, men också om Guds folks strider, lidanden och framgångar.

Inget av det som vi ser och får gå igenom i vår egen tid var okänt i den himmel som Johannes fick blicka in i.

Men en hel del av det som Johannes fick se "genom den

öppna dörren" och som han berättar för oss i Bibelns sista bok handlar om det som väntar på oss i framtiden, i evighetens fullkomliga värld!

Det är Den stora berättelsens "grande finale".

En final som aldrig i evighet tar slut!

Johannes, aposteln, författaren till fem av Nya testamentets böcker, däribland alltså Uppenbarelseboken, var gammal när han befann sig på den ogästvänliga ön Patmos utanför Mindre Asiens (nuvarande Turkiets) västkust. Han var förvisad dit av kejsaren, som på det sättet ville tysta hans vittnesbörd om sin mästare, Jesus. Ingen av de andra lärjungarna som vandrat med Jesus och hört hans undervisning om Guds rike var kvar på jorden, alla hade blivit martyrer för sin tro. Men Johannes fanns kvar, och han fick uppdraget där på Patmos att skriva ned det han såg i sin syn.

Och nu kan vi läsa det! Vår framtid, mänsklighetens framtid. Den stora berättelsens mäktiga final!

En hel mansålder hade gått sedan han och de andra lärjungarna låg till bords tillsammans med deras mästare vid påskmåltiden i Jerusalem och Jesus sa de fantastiska, tröstande orden:

Låt inte era hjärtan oroas! Tro på Gud och tro på mig! I min Faders hus finns det många rum och om det inte vore så, skulle jag ju inte ha sagt att jag går för att göra i ordning en plats åt er. Om jag nu går bort för att göra i ordning en plats åt er, ska jag komma tillbaka och hämta er så att också ni kan vara där jag är (Johannesevangeliet 14:1-3).

Nu, flera decennier senare, får han se den, platsen som Jesus talade om. Här på denna gudsförgätna plats, i sin förnedrande fångenskap på Patmos, just här öppnar Gud en dörr till evighetens värld för honom, och han ser de iordninggjorda rummen. Han inte bara ser, han får också befallning att berätta det för oss! Därför att det finns rum iordninggjorda där också för oss.

Johannes måste ha bländats av skönheten i det han ser. Han sitter på första parkett och ser. Och hör. Om och om igen, genom hela Uppenbarelseboken, läser vi hans ord, fyllda av förundran: "Sedan såg jag ..." "Och jag hörde ..." Han är förstahandsvittne till det som väntar på dig och mig, det som Gud har tänkt för oss. Men han förmår inte beskriva det han hör och ser fullt ut, orden räcker inte till för att ge rättvisa åt skönheten, storheten och härligheten i det han blir vittne till: "Sedan såg jag något som liknade ett hav av glas" (Uppenbarelseboken 15:2). Det är med sådana ord han försöker tolka det som inte går att beskriva: Det liknade ..., det såg ut som ..., det var som om ..., och så vidare.

Men allt detta obeskrivbara bleknar ändå inför mötet med Jesus själv. Johannes hörde en röst bakom sig – "en stark röst som lät som en trumpetstöt" (Uppenbarelseboken 1:10). Det var den rösten som befallde honom att skriva ned allt han skulle få se i sin syn. När han vände sig om fick han se Jesus. Samme Jesus, som han och de andra lärjungarna delade påskmåltiden med den där mörka natten för länge sedan, visade sig nu för honom i sin himmelska härlighet. Jesus, snickarsonen från Nasaret, hans vän och läromästare, som han beundrat och lärt sig älska, som visat honom vägen till Gud och i grunden förändrat hans liv. Samme Jesus – men nu så fullständigt annorlunda!

Så här berättar han själv om det mötet: "När jag såg honom föll jag ner som död vid hans fötter. Men han lade sin högra hand på mig och sa: 'Var inte rädd, jag är den förste och den siste, den som lever. Jag var död, men se, jag lever i all evighet, och jag har nycklarna till döden och dödsriket'" (Uppenbarelseboken 1:17-18).

När jag skriver det här kan jag inte låta bli att tänka på när jag och en vän till mig (vi var runt 20 år, tror jag) ibland sjöng duett på möten och samlingar på olika platser. En av de sånger vi sjöng var en gammal läsarsång, där refrängen inleds med orden "Jag önskar få se Jesus först av allt". Den skrevs av den kände sångförfattaren John W Peterson (som bland annat var amerikansk pilot under andra världskriget), och översattes till svenska av Daniel Hallberg.

Den var tacksam att sjunga, stämmorna harmoniserade väl och våra röster passade nog ganska bra ihop. Och så var det en gripande text. Vi kände att vi fick gensvar från dem som lyssnade. Men det viktigaste – jag minns det faktiskt – var att jag menade det jag sjöng. Så här lyder den första versen på svenska:

I himlen finns det mycket som jag längtar att få se
som aldrig här jag riktigt kan förstå.
Men när dess portar öppnar sig, dess skönhet skall sig te
då önskar jag se Jesus först ändå. [62]

Det var vad Johannes fick göra där på fängelseön. Han fick se Jesus. Först av allt! Och han föll till marken, som om han var död. Så mäktig och fruktansvärd var den syn han såg: den uppståndne, förhärligade mästaren i sitt himmelska majestät och överjordiska glans.

Hur skulle då jag kunna uthärda det mötet?

Men Jesus hand reste upp Johannes, och hans ord sköljde bort hans fruktan. Kanske blir det så för mig, tänker jag, den gången jag får se honom ansikte mot ansikte.

20

Vad inget öga sett

Tidigare i den här boken har jag nämnt om folkväckelsen på 1800-talet som en bakgrund till min uppväxt. För väckelsens folk var Jesus återkomst ett återkommande tema när man samlades i stugorna och i bönhusen. Målet var tydligt: det var det himmelska hemmet som hägrade mer än något annat. Det temat fortsatte sedan att finnas högt upp på listan för de frikyrkliga i min föräldrageneration.

Sedan kom en vindkantring i svensk kristenhet under min egen generation, och talet om evigheten och Jesus återkomst tystnade i många kyrkor. Man vågar nog säga att Ingemar Hedenius bok Tro och vetande, som utkom 1949, blev en negativ markör för den andliga utvecklingen i vårt land, och även den kristna förkunnelsen påverkades. Sekulariseringen fick fäste i det Sverige som två generationer tidigare i så hög grad hade formats av väckelsen.

Utan att på något sätt döma ut den pastorsutbildning jag själv genomgick i slutet av 1960-talet kan jag konstatera, att den mer riktade in sig på den här världen än den tillkommande världen. Och det är ju naturligt, eftersom det är i den här världen en pastor ska utföra sin tjänst. Det är riktigt och viktigt att få förståelse för hur vi ska betjäna människor med evangeliet på ett vardagsnära sätt. Ändå saknade jag det som ju ändå är avgörande för att människor ska finna den djupa meningen med livet, mitt i vardagen: att ljuset från den eviga världen ska få bryta igenom.

Precis i början av min pastorsutbildning, i september 1967, gick Sverige över från vänster till höger i trafiken. Kanske kan man se en viss symbolik i denna händelse. Den skulle kunna, i liten mån, beskriva skiftet i teologin under min generation: det himmelska hemmet tonades ned, och folkhemmet i den fysiska världen blev den primära spelplanen.

I det här kapitlet vill jag lyfta fram det som jag uppfattar som Bibelns perspektiv på vad som är primärt, nämligen det eviga livet, Guds stora gåva till oss människor. Jag är övertygad om att detta perspektiv är vad vår värld idag behöver mer än något annat. Det borde inte vara ett sidospår för den kristna förkunnelsen, det borde vara huvudspåret. Den som med öppna ögon läser det budskap som Bibeln, Guds stora berättelse, ger oss kan inte missa dess poäng. Den pekar hela tiden fram mot målet, Guds eviga värld. Ingenting blir någonsin fullkomligt eller ens godtagbart om det inte får fullbordas i det löfte Gud gett oss om evigt liv i gemenskap med honom.

Därför vill jag gärna rikta blicken mot detta stora mål för våra liv!

Jag har redan flera gånger i den här boken poängterat att det som tillhör den kommande världen är en verklighet som inga ord räcker till för att beskriva. Den kommer att överraska oss, förstumma oss, överträffa allt vi någonsin kunnat drömma och fantisera om, den kommer att visa oss en verklighet som spränger alla gränser för hur långt vi människor med hjälp av den moderna vetenskapen, både idag och i morgon, kan nå. Så här läser vi i Bibeln, den bok som är den enda källan till kunskap om evighetens värld:

Det inget öga har sett, inget öra har hört och inget människohjärta kunnat ana, det har Gud berett åt dem som älskar honom (Första Korintierbrevet 2:9).

Det är vad som väntar oss, det är vad Gud förberett och som han genom hela den mänskliga historien haft i sina tankar för oss – ända sedan den dag då paradisets port stängdes bakom de första människorna.

Men efter att ha försäkrat oss om en tillvaro som når långt bortom vår fattningsförmåga, uppmanar samme Paulus oss till något som nästan ser ut som en tankevurpa. Så här skriver han till de kristna i Kolosse:

Låt era tankar vara inriktade på det som finns där uppe, och inte på det som finns på jorden (Kolosserbrevet 3:2).

Men hur ska vi kunna fokusera våra tankar på något vi inte kan göra oss någon föreställning om? Paulus är oss inte svaret skyldig. När han sagt till korintierna att det som Gud förberett åt oss är något som "inget öga har sett, inget öra har hört och inget människohjärta kunnat ana", då tillägger han: "Men Gud har visat oss det genom sin Ande" (Första Korintierbrevet 2:10).

Våra fem sinnen har noll koll på hur det kan se ut i den eviga världen. Men Guds Ande spränger våra begränsningar! Och Guds Ande kan uppenbara hemligheter för oss.

Det förklarar varför min farmor var lite otålig på Gud under sin sista tid i livet. Hon tyckte att hon redan varit alltför länge på den här jorden. Hon längtade hem. Vårdboendet i Hallsberg var väl hyfsat bra, men det var inte hennes hem. Inte heller huset nedanför Boda kyrka. Eller stugan i Lenåsen där hon var född. Guds Ande hade visat henne att hon hade ett långt bättre hem som väntade i den himmelska staden. Nu var hon 94 år, varenda dag steg hon upp ur sängen och klädde sig i sin bodadräkt som hon alltid bar, antingen det var söndag eller vardag. Men varje dag väntade hon på att få klä sig i den högtidsdräkt som var skräddarsydd för henne därhemma hos Gud. Och den måste ju vara ännu vackrare än bodadräkten.

Och nu är hon där.

Det förklarar också, tänker jag, hur min lillasyster kunde sjunga så frejdigt om "staden ovan molnen" den sista sommaren hon levde. "Gud har visat oss det genom sin Ande" – Paulus ord gällde också henne.

Och nu är hon där.

Tack vare den där mäktiga synen som Johannes fick se på Patmos och som han så detaljrikt har berättat för oss i Bibelns sista bok får vi många inblickar i den framtid som väntar på oss. En stor del av boken skildrar den bittra kampen mellan gott och ont som pågår mitt i den verklighet som vi lever i på den här jorden. Men här ser vi den utspela sig på ett andligt plan – precis som Paulus skrev: "Gud har visat oss det genom sin Ande." Men gång på gång, mitt i denna brutala skildring, öppnar Gud dörren på glänt till evighetens värld, som om han är angelägen om att vi inte ska förtvivla. Och till slut går ridån upp för slutscenen i detta väldiga drama: en fullständig och helt underbar seger för Guds rike.

Och då ser vi att den där porten till paradiset nu står vidöppen.

Vi behöver de där inblickarna i det som väntar oss, precis som den första generationens kristna, som fick kämpa en svår kamp för sin tro mot de romerska kejsarnas grymma förföljelse. Johannes skrev ned det han fick se i sin syn för att ge tröst och mod till sina troende vänner i det romerska imperiet och påminna dem om att det är Gud som har sista ordet.

Och vem kan förneka att vi behöver det lika mycket i vår tid?

Det finns ett annat skäl till att ha blicken vänd uppåt, ett mer jordnära skäl om man kan säga så. För tvärt emot vad kristendomens belackare ofta har klandrat kyrkan för, nämligen att tala så mycket om livet efter detta att man glömmer sitt ansvar för den här världen, så är hoppet om evigt liv en drivkraft till att göra det som är gott här och nu.

Det är ju precis det som Jesus betonade med all önskvärd skärpa i berättelsen om mannen som under sin utlandsvistelse gav sina tjänare uppdraget att förvalta hans förmögenhet till dess han kom tillbaka.[63] Det var just vetskapen om att deras husbonde skulle återvända som fick två av dem att göra allt för att fullgöra uppdraget. De gjorde verkstad av det som anförtrotts dem, kloka investeringar som gav strålande resultat. Den tredje däremot tyckte att det inte låg i hans intresse att ta risker och satsa något som ändå inte var hans. Men det var inte hans husbonde nöjd med när dagen för redovisningen kom.

De två goda förvaltarna såg fram mot sin herres återkomst och var ivriga att få visa hur väl de genomfört hans vilja. Deras olycklige kollega var mer rädd för att misslyckas och tappa ansiktet än för att missbruka sin husbondes förtroende.

Det faktum att den här berättelsen står mitt bland andra berättelser som handlar om att Jesus ska komma tillbaka

(Matteusevangeliet kapitel 25) visar att hoppet om hans återkomst är en stark motivation för att göra hans vilja i väntan på den dagen. Och husbondens betyg till de tre tjänarna, berättat från Jesus mun, visar hur angeläget detta är för Jesus själv. Han kom till världen för att göra Guds vilja, att visa på Guds stora kärlek och utföra helandets och upprättelsens gärningar. Det är vad han förväntar sig också av sin kyrka. "Lycklig är den tjänaren om hans herre kommer hem och får se att han gör det han ska" (Matteusevangeliet 24:46).

Så hoppet om hans ankomst är en drivkraft att utföra hans kärleksverk mitt i vår värld, här och nu.

Paulus ger oss ett tredje skäl att låta våra tankar vara "inriktade på det som finns där uppe" (Kolosserbrevet 3:2): Det driver oss att leva värdigt och sant mitt i en ond värld.

Bara några versar länge fram i brevet möts vi av ett "därför", som mycket tydligt sätter fingret på att det hopp vi har måste avspeglas i vårt liv här på jorden. Resten av kapitel tre i Kolosserbrevet (vers 5-25) handlar om det.

Det är inte bara Paulus som gör kopplingen mellan våra liv här på jorden och den okända framtiden i evigheten. Johannes, som berättar om "den öppna dörren" till den himmelska världen (Uppenbarelseboken 4:1), uppmanar sina läsare i ett av sina tre brev i Nya testamentet att rikta blicken framåt, mot det stora målet. Varför då? Jo, för att de, genom det hopp de äger, får den starkast möjliga motivationen för att leva rent i den här världen: Vi vet inte hur framtiden blir, säger han (Johannes första brev 3:2). Men det vet vi, att när Jesus Kristus uppenbarar sig sådan han är, då ska vi bli lika honom, "för då får vi se honom så som han är".

Det finns ingenting som så kan få oss att vilja leva rent och sant som vetskapen om att vi kommer att se honom i hans härlighet, och att vi då ska få dela den härligheten med honom. Framtiden med Kristus sporrar oss att leva värdigt och sant här i tiden.

Var och en som har detta hopp till honom renar sig själv, så som han är ren (Första Johannesbrevet 3:3).

Det här är förstås inget som gör oss till helgon här på jorden. Vi lever fortfarande i en fallen värld, och vi är fortfarande svaga människor som behöver Guds hjälp. Och den hjälpen får vi, om och om igen! Det är vad Johannes försäkrar oss:

"Om vi säger att vi är utan synd lurar vi bara oss själva, och sanningen finns inte i oss. Men om vi bekänner våra synder, är han trofast och rättfärdig så att han förlåter oss våra synder och renar oss från all orättfärdighet" (Första Johannesbrevet 1:8-9).

De orden kan du stava på hur mycket som helst, de håller alltid vad de lovar!

Så låt oss fortsätta att låta Bibeln ge oss inblick i den eviga världen, även om de bilderna vi ser är begränsade. De är till-

182

räckligt avslöjande för att vi ska inse att något fantastiskt väntar oss, något som övergår vårt förstånd men ändå fyller oss med förväntan och tro.

Vi ser att den plats som Jesus gjort i ordning åt sina vänner (Johannesevangeliet 14:1-3) är en plats där alla pusselbitar fallit på plats, där oron och bekymren är bannlysta, där ingenting finns kvar av den ondskans makt som plågat vår värld i alla tider.

Vi hör hur den eviga världen genljuder av en brusande, jublande lovsång, vi känner segerstämning och en atmosfär av total frid, vi ser en fullkomlig renhet och en ohotad hälsa. Allt är helt, rent och behagfullt.

Och samtidigt ser vi att skapelsen pågår. Den blir aldrig färdig. När Gud säger "Se, jag gör allting nytt" (Uppenbarelseboken 21:5), så är det inte en "en gång för alla"-handling, utan något som präglar hela tillvaron i Guds nya värld. Där ska vi leva i fysiska – men förvandlade – kroppar, med en hel och upprättad personlighet (Andra Korinthierbrevet 15:35 och följande), och ingenting av det som begränsar oss under vårt jordeliv har längre någon makt över oss. Det som Gud skapat oss för blir förverkligat med den personlighet han format oss till.

Det finns en bro som förbinder vår tillvaro här på jorden med den evighetstillvaro Gud har berett åt oss. Den bron heter TRO. Det är den bron vi stegar ut på när vi låter "våra tankar vara inriktade på det som finns däruppe". Så här skriver författaren till Hebreerbrevet:

Tron är en övertygelse om det vi hoppas, en visshet om det som ännu inte kan ses (Hebreerbrevet 11:1).

Det är alltså inte någon känsla eller föreställning vi arbetar upp inom oss. Det är heller inte något kanske, något vi eventuellt kan få vara med om en gång. Det är en övertygelse. En visshet. Sådan är tron, eftersom den är en gåva som Gud ger åt var och en som vänder sig till honom.

Vänd om och tro på evangeliet! Det var Jesus budskap när han började sin verksamhet på jorden (Markusevangeliet 1:15). De orden är som en trumpetsignal också nu när vi anar att den värld vi känner är på väg mot att "nötas ut som en klädnad" (Jesaja 51:6). Omvändelse betyder att vända sig om – att vända sig mot Gud. Tro är att lita på honom och ta emot gåvan, en levande tro, som är en visshet om den eviga, fullkomliga värld som väntar oss.

En visshet om att det bästa ligger framför oss!

21

Guds närvaro toppar allt

Redan nu kan vi ana något av evighetens värld. Rakt genom hela Bibeln skymtar den fram (ett fint exempel är Jesaja 11:6-10, där profeten ser hur vargar bor tillsammans med lamm, där kor och björnar betar tillsammans och småbarn leker obekymrat intill ett bo med kobror). Genom dessa "gluggar i molnen" kan vi göra oss en föreställning av den värld vi är på väg till. Och redan dessa förhandsglimtar gör att vi får en längtan efter att "komma hem" (se Hebreerbrevet 11:14). Genom de syner som Johannes fick se och berättar om i Uppenbarelseboken får vi många bilder av hur det kan bli. Ändå vet vi, att verkligheten kommer att överträffa dikten tusen gånger om!

Men det som ger oss den bästa utsikten in i den eviga

världen är Bibelns två sista kapitel, där den åldrige aposteln Johannes, förvisad till ett jordiskt helvete på Patmos, berättar vad han får se när han blickar in i den himmelska världen. Han får se en förvandlad jord, han får se den heliga staden, det nya Jerusalem, komma ned från himmelen och han får se bröllopet mellan Kristus och hans församling.

Om det nu går att gradera skönheten och storheten i alla dessa syner, så kanske det allra största ändå är det som sägs i början av kapitel 21:

Jag hörde en stark röst från tronen säga: "Se, nu har Gud sitt tält bland människorna! Han ska bo tillsammans med dem, och de ska vara hans folk, ja, Gud själv ska vara hos dem" (Uppenbarelseboken 21:3).

Gud själv ska vara hos dem! Ingenting kan "toppa" detta! Hans närvaro garanterar att det inte finns minsta defekt eller brist, inget otillfredsställt behov, ingenting att sakna. Sådan Gud är, sådan är tillvaron i den eviga världen.

Gud är *ljus* – det finns inget mörker där Gud är!

Gud är *allsmäktig* – allt är möjligt där Gud är!

Gud är *omsorg* och *beskydd* – inget hot existerar längre, alla orättvisor är besegrade, alla onda anslag är bortsopade, all illvilja är slagen till marken, all synd är utplånad, godheten, rättfärdigheten och sanningen är slutgiltigt upprättad.

Gud är *glädje* – det ska sjungas i evighetens värld, en sång som aldrig ska tystna, det ska dansas i evighetens värld, det ska jublas i evighetens värld. Och det ska firas bröllop (Uppenbarelseboken 19:7-9).

Gud är *kärlek* – all rädsla, oro och osäkerhet är för alltid driven på flykten, ingen är längre ensam eller åsidosatt, alla är inbjudna till festen i Guds eviga rike.

Kanske det största av allt: Gud ska själv torka bort tårarna från allas ögon (Uppenbarelseboken 21:4). Vilket underbart uttryck för Guds personliga, fullkomliga kärlek!

Vi är på väg dit. Allt vi behöver för att beviljas visum i det eviga gudsriket är ordnat. Det gjorde Jesus när han dog för oss på korset. Vi kan bildligt talat bara räcka ut handen för att ta emot det – vi gör det genom att i tro acceptera hans offer för vår skuld och ta emot Guds förlåtelse och kärlek.

Då är vår framtid i Guds värld garanterad! Oberoende av de omständigheter vi lever i just nu, och oberoende av hur det ser ut i vår värld (jag skriver det här den 24 februari 2022, den dag då Ryssland förklarade krig mot Ukraina), så är vi väntade i den värld där Gud själv ska vara ibland oss – precis som det var i det paradis där de första människorna umgicks med honom i en nära och självklar gemenskap.

22

Hur går det för dem som aldrig hört?

Den stora berättelsen blir aldrig färdigskriven. Den har heller inga inbyggda begränsningar för sitt budskap – den gäller alla överallt i alla tider. Men när denna berättelse nu skildrar det stora målet för Guds räddningsplan (som iscensattes redan samma dag som porten till paradiset stängdes bakom de första människorna), då måste frågan också ställas: hur går det för alla dem som inte kunnat nås av budskapet i Den stora berättelsen?

Den frågan har följt kyrkan genom hela dess historia.

Men hur ska de kunna åkalla honom som de inte har kommit till tro på? Och hur ska de kunna tro på någon som de inte har hört om? Hur ska de höra om ingen förkunnar? (Romarbrevet 10:14)

Varje dag går människor i hundratusental över gränsen till evigheten utan att ha hört budskapet om försoningen. I alla generationer bakåt i mänsklighetens historia har miljoner och åter miljoner dött utan att veta om möjligheten att få evigt liv genom tron på Jesus. Hur blir det för dem?

Två saker måste nämnas för att finna ett svar:

1. Gud vill att alla människor ska bli räddade (Första Timotheosbrevet 2:4). Det är utgångspunkten för Den stora berättelsens stora budskap.

2. Av de tre ting som inte försvinner när människans tid på jorden tagit slut – tron, hoppet och kärleken – så är Guds kärlek den allra största (Första Korintierbrevet 13:13). Eftersom den kärleken inte har någon begränsning eller svaghet kommer det som sägs i punkt 1 ovan att innebära en lösning på vår fråga som jag tror kommer att överraska oss. Han vars vilja är att alla människor ska bli räddade är också den som är fullkomlig i kärlek.

Därför är mitt svar på frågan i rubriken: Jag vet inte. Men jag vet att Gud aldrig gör några misstag, han är rättfärdig och rättvis i allt han gör och han älskar varje människa med en kärlek som aldrig förgår.

I Johannesevangeliet 14:1-3 läser jag:

Låt inte era hjärtan oroas! Tro på Gud och tro på mig! I min Faders hus finns det många rum och om det inte vore så, skulle jag ju inte ha sagt att jag går för att göra i ordning en plats åt er. Och om jag nu går bort för att göra i ordning en plats åt er, ska jag komma tillbaka och hämta er så att också ni kan vara där jag är.

Och jag svarar: Ja, jag tror på dig. Jag litar på att du, som gjort allt för alla människors räddning, vet vad du gör när du sätter dig på din härlighets tron för att döma världen. Och så länge jag lever kvar i den här världen vill jag leva för dig och för att mitt liv ska vittna om din kärlek.

Noter

1 Philip Yancey, Den Jesus jag aldrig känt Libris 1997 sid 40

2 Tomas Sjödin i en predikan på Nyhem 27 juni 2021

3 Se t.ex.Illustrerad Vetenskap 07.10.2018
(https://illvet.se/universum/hur-snabbt-ror-vi-oss-i-universum)

4 https://faktoider.bloggsot.com/2018/01/bodadror-jorden-runt.html

5 Mose, i Psaltaren 90:10

6 Tomas Sjödin, citat från boken Det händer när du vilar, Libris
2013, sid 35

7 Lydia Lithell, Det enda som bär 1956. Nr 828 i Psalmer och
Sånger 1987

8 A W Tozer, citat från boken Gudslängtan, i nyutgåva på Sjöbergs
förlag 2021, sid 91

9 Jennie Allen, Vinn över dina tankar. Sjöbergs förlag 2021 sid 212

10 Erik Blennberger, Livets mening: frågan och svaren (Red. To-
mas Brytting), Appell Förlag 2020. Sid 270

11 Tomas Brytting i en kommentar till boken Livets mening: frågan
och svaren, www.mynewsdesk.com. 11 april 2020

12 Lydia Lithell, Jag har hört om en stad ovan molnen 1947. Nr
748 i Psalmer och sånger 1987

13 Bibeln då och nu (Bibelsällskapet). Cdn1.utbudet.com

14 Se t ex www.bibelnsintegritet.com 2017-01-15

15 Se t ex www,bibelfokus.se: Grundtexter och bibelöversättningar

16 Johannesevangeliet 1:14

17 Philip Yancey, Den Jesus jag aldrig känt, sid 134

18 Sam Gullberg, I min mästares hand

19 Helena Thorfinn, Den som går på tigerstigar, Nordstedts 2017, sid 382

20 Philip Yancey, Mörkerseende, Libris 1998, sid 60

21 Philip Yancey, Den Jesus jag aldrig känt, sid 134

22 Magnus Malm, I lammets tecken, Artos 1996, Libris 1996, sid 114

23 Bo Lenells, Kärleken drev henne, Narin förlag 2017, sid 179-183

24 World Watch List 2022. Open Doors, sid 7

25 Andra Korintierbrevet 5:21

26 Johannesevangeliet 1:29

27 Carl Olov Hartman, 1973. Den svenska psalmboken nr 153

28 Arne Fritzson i Arnes fredagstankar. www. Equmeniakyrkan.se. 3 september 2021

29 Philip Yancey, Den Jesus jag aldrig känt. Sid 68

30 Ibid. Sid 69

31 Magnus Malm, I Lammets tecken. Sid 184

32 Ibid sid 185

33 Citatet är hämtat från en predikan av John Donne, engelsk präst och poet, i St Paul´s Cathedral, London, år 1642 (Ingen står helt ensam, som en öde ö i vind. Svensk översättning: Roland v Malmborg)

34 Mikaël Boucher i ett nyhetsbrev från UMU Restenäs 08.06.2021

35 Magnus Malm, I Lammets tecken. Libris 1996. Sid 186

36 Paul Peter Waldenström, Nya testamentet med förklarande anmärkningar, första delen. Svenska Missionsförbundets förlag, tredje upplagan, 1913. Sid 517

37 Howard Snyder, Förändringen, Libris 1978, sid 176

38 Sven Nilsson, Förnyelse och förändring Salt & Ljus 1983, sid 35

39 Fred Nilsson, Parakyrkligt: om business och bön i Sverige, Verbum 1988

40 Magnus Malm, I Lammets tecken, sid 225

41 Dagen, 14 augusti 2019

42 Magnus Malm, I Lammets tecken, sid 289

43 Ibid. sid 289

44 Andra Petrusbrevet 1:19

45 Apostlagärningarna 1:6-11

46 https://en.wikipedia.org/Vägmärken

47 Dag Hammarskjöld, Vägmärken, 1963

48 Thor-Leif Strindberg, Allt om Bibeln, www.alltombibeln.se (https://alltombibeln.se/bibelfakta/paulkvin.htm)

49 Joel Halldorf, Dagen, 30 september 2021

50 Mickey Fhinn, Allt som du har sagt, 2004, Vinyard Songs

51 Bo Lenells, Medan det ännu är dag, BoD 2020, sid 21-24

52 Se exempelvis EÖM-nytt, juni 2019, sid 6 (Evangeliska Östasienmissionens, rapport från årsmötet 18 maj), EÖM-nytt februari 2020, sid 3, och Ljus i Öster, september 2021

53 Bo Lenells, När Gud tog vägen om byn, BoD 2018, sid 47, 48

54 Göran Widmark, I tro under himmelens skyar 1945, publicerad i bl a Den svenska psalmboken 1986, Psalmer och sånger 1987

och Segertoner 1988

55 Andra Korintierbrevet 1:20

56 Se t ex Matteusevangeliet 24:42, 25:13 och Markusevangeliet 13:33-37

57 Iréne Henrysson, Första frostnatten, Hemmets Vän nr 39 1994

58 Se bl a Thor-Leif Strindberg, Allt om Bibeln, www.Allt om Bibeln.se (https://alltombibeln.se/bibelfakta/korspetr.htm)

59 Tomas Sjödin, Den som hittar sin plats tar ingen annans, sid 222. Libris 2016

60 Urban Ringbäck, Ida Möller (text och musik): Det går en väg mot framtiden.

61 Uppenbarelseboken 4:1

62 John W Peterson (text och music), Jag önskar få se Jesus först av allt, bl a i sångboken Nåd och Jubelton, 2002

63 Matteusevangeliet 25:14-30